U1076461

父母教练
父母教练 | Parenting
推动摇篮的手推动世界

爷爷奶奶的

隔代
养育大智慧

【日本】斋藤茂太◎著
马 超 越◎译

上海文化出版社

序

照顾孙儿的八条心得

现在的年轻父母似乎开始变得讨厌爷爷奶奶干涉自己孩子的成长了，我个人对于这种变化感到十分惋惜。美国的文化人类学家玛格丽特 · 米德曾经这样总结爷爷奶奶在家庭中扮演的角色：

① 对于教育孩子控制情绪十分必要

② 人生的长辈

③ 能够敏锐地感知孩子的异常状况，采取妥善的应对措施

④ 弥补爸爸妈妈经验不足的缺陷

⑤ 让孩子感受到小家庭范围之外的关爱

如果年轻父母们就这样毫不吝惜地抛弃了爷爷奶奶对于家庭的这些积极方面，那实在太可惜了。不得不说，有些爷爷奶奶对于孩子太过于溺爱，因而往往会给孩子带来负面的影响。很多爸爸妈妈都非常担心爷爷奶奶不负责任的过分的溺爱，会让自己的孩子变得神经质而又依赖心强。

在此，我打算列举出自己总结的，需要爷爷奶奶们在照顾孙儿时注意的几点心得。

第一条 多表扬孙儿

第二条 多和孩子的父母交换意见

第三条 不要偏爱某一个孙儿

第四条 不要随便给孙儿零用钱

第五条 拓展和孙儿交流的话题

第六条 注意衣着整洁

第七条 和孙儿一起做游戏

第八条 有时候也要严厉地批评孙儿

第一条 多表扬孙儿

爸爸妈妈在教育孩子的时候经常会采取严厉的态度。因此，爷爷奶奶可以展现出家庭教育中宽容温和的一面，和爸爸妈妈的态度相配合。如果爷爷奶奶发现孙儿哪里做得非常棒，就立刻表扬他。孙儿在听到表扬后一定会非常高兴，之后还会再接再厉，继续发扬自己被表扬到的优点。

学习并不是人生的全部。爷爷奶奶如果可以发掘出孙儿在某一个方面的长处，鼓励孙儿把自己的优点发扬光大，这样就足够了。

我建议爷爷奶奶多多地表扬自己的孙儿。

第二条 多和孩子的父母交换意见

爷爷奶奶和爸爸妈妈意见不一致的情况并不少见。如果爷爷奶奶告诉孙儿，爸爸妈妈的做法不对，爷爷奶奶的做法才是对的，会让孙儿不知道怎么办才好。

原则上说，孩子的培养和教育是爸爸妈妈的责任，就算爷爷奶奶对爸爸妈妈的做法感到不满，也不能不和爸爸妈妈交流就向孙儿抱怨。

爷爷奶奶需要注意，如果有不同的意见一定要先和孙儿的爸爸妈妈沟通。

第三条 不要偏爱某一个孙儿

每个人都很讨厌自己被用来和其他人比较。有很多孩子的心理曾经因为别人拿自己和邻居家的孩子或者兄弟比较而受到伤害。有些爷爷奶奶可能会有几个孙儿，这个时候最好不要在孙儿之间进行比较，煽动他们相互竞争的心理。

孩子比大人想象的还要敏感，这种比较很可能让他们很受挫。爷爷奶奶们最好能够对所有的孙儿们一视同仁，向他们倾注没有差别的关爱。

第四条 不要随便给孙儿零用钱

小孩子在父母不知情的情况下拥有零用钱并不是好事。虽然爷爷奶奶因为疼爱孙儿，常常忍不住想给孙儿一些零用钱，但我还是建议爷爷奶奶在给孙儿零用钱时要慎重考虑。

爸爸妈妈也许本来打算通过每个月给孩子零用钱让孩子学会管理自己的钱财。孩子得到了超出必要范围的零用钱，也许还会养成花钱大手大脚的毛病，所以爷爷奶奶在给孙儿零用钱之前，一定要先取得孩子父母的同意。

第五条 拓展和孙儿交流的话题

在寻找和孙儿的共同话题时，很多爷爷奶奶都会询问孙儿在学校的事情以及学业的情况。确实，爷爷奶奶和孩子的交流有很多都是由此展开的，但是如果总是谈论这些事情，孙儿很快就会感到厌烦。不仅如此，孙儿每天从爸爸妈妈口中听到的最多的话肯定也都是关于学习的事情。

所以我希望爷爷奶奶能够找到学习之外的话题。爷爷奶奶可以和孙儿谈论他的爱好，或者和孙儿一起讨论他喜欢的书籍或者电影。爷爷奶奶在和孙儿的对话中了解到的新鲜事物对于自己的大脑也是很好的刺激，可以防止自己的衰老。

第六条 注意衣着整洁

孩子对于不干净十分敏感。所以爷爷奶奶需要特别注意老人特有的体臭和口臭，同时也要注意自己的仪容整洁。虽然爷爷奶奶没有必要像自己年轻时那样追逐新潮服饰，但是穿着打扮也要和自己的年龄相符。

爷爷奶奶衣着得体，也会给孩子带来好心情。同时，这也是能帮助爷爷奶奶保持年轻心态的秘诀。

第七条 和孙儿一起做游戏

现在的爸爸妈妈们都十分忙碌，虽然说勉强能在家务劳动和工作之间抽出空来照顾一下孩子，但是却很难有足够的时间去耐心地陪伴孩子玩耍，而恰好爷爷奶奶的时间很充足。爷爷奶奶在陪孙儿做游戏的时候，自己也可以沉浸在游戏之中。钓鱼、下棋、养花、刺绣都可以成为祖孙同乐的共同爱好。爷爷奶奶不但可以把自己的经验与技巧传授给孙儿，而且在孙儿蓬勃朝气的影响下，自己的心态也会变得年轻。

第八条 有时候也要严厉地批评孙儿

如果发现孙儿做了不该做的事情，比如说看到孙儿正在欺负小朋友，或者听到孙儿说了不该说的话，严厉地告诉孙儿“这样不行”也是爷爷奶奶的责任。另外，有的孩子会在被爸爸妈妈批评的时候，逃到爷爷奶奶身边寻求庇护，这个时候爷爷奶奶可不能只顾着安慰孙儿。首先要向孙儿问清楚他为什么会被批评，之后还要告诉孙儿“以后可千万不能这样做了”。爷爷奶奶有的时候也要承担一些艰苦的任务啊。

目 录

PART 4 所谓育儿就是……想告诉养育孩子的父母的事情

PART 1

教育是最重要的事

教育是
最重要的事
01

兴趣是最好的老师

有一个方法可以激发孩子的好奇心，那就是和孙儿在他喜欢的事情上进行比赛。这样做不但能让孙儿高兴，爷爷奶奶还能够延缓衰老，可谓一箭双雕的好事情。

请大人们用心呵护孩子旺盛的好奇心。大人们觉得无聊的一些事情，却可能是关系到孩子一生的关键。如果我们能够培养孩子炽热的求知欲，他的想象力和思考能力就会由此萌发，其他各种重要能力也会从中一项又一项地发展出来的。

这个世界上并没有毫无意义的事情。

爷爷奶奶多和孙儿谈谈他喜欢的事情吧。不过爷爷奶奶一定要注意，千万不能以长辈的身份命令孙儿“你要做这个，你要学那个”，我们要多关注孩子发自内心喜欢的东西。爷爷奶奶要记住孩子的爱好是丰富他们的感性、扩展未来发展空间的关键，在和孙儿谈论这些话题时千万不能敷衍。

爷爷奶奶在了解孙儿的爱好之后，最好能够竭尽全力地支持。举例来讲，如果孙儿喜欢电车，爷爷奶奶可以和他一起记住电车的名称，或者带他去电车线路附近散步，一起看电车疾驰而过的样子；如果孙儿是追星族，爷爷奶奶可以和孙儿一起学习他喜欢的偶像歌手的歌。不论是通过做游戏还是其他方式，只要爷爷奶奶能够在孙儿的爱好方面和孙儿一起乐在其中就好了。

人们对一件事情着迷时就会为此乐此不疲。爷爷奶奶在和孙儿一起唱热播动画片的主题歌、模仿风靡一时的搞怪动作或者搞笑台词，或者把人气角色的贴纸粘在笔记本上的过程中，会自然而然地跟上时代的潮流。爷爷奶奶如果找到了和孙儿共同的爱好，也就有了共同话题，交流起来就顺利多了。

就拿我自己来说，在陪伴孙儿的过程中也着实下了一番苦功。我原本对摇滚乐一窍不通，但现在至少还能说得出孙儿喜欢的那个著名乐队的名字；对于我本来就爱好的棒球，还可以记住当家球星的打击率等数据。

我们在有了新发现之后都会感到高兴，而和孙儿一起探索的过程更是充满了乐趣。这样对孙儿的成长也能起到很好的激励作用。孙儿的爸爸妈妈都很忙碌，没有时间陪孩子做这些事，爷爷奶奶却有大把的时间。

爷爷奶奶如果能在孙儿的爱好方面充当他的“竞争对手”，更是再好不过的事情。爷爷奶奶为了不输给孩子，一定会开动脑筋收集更多新的情报，这样不但可以活化脑细胞，还能保持年轻的心态。这种竞争关系不但能够促进孙儿的进步，还能够帮助爷爷奶奶延缓衰老，实在是一箭双雕的好事。

教育是
最重要的事
02

等孩子长大了，就要带他去爬山——传承家族的习俗

制定纪念日可以让孩子思考“家庭”的意义。让家庭成员团结一心需要有自己家独一无二的东西。

我的父亲斋藤茂吉是山形县人。那里的成年仪式，是每个孩子在年满十五岁时去出羽三山登山祭拜。父亲十五岁时也穿着白色衣服，和我的祖父一起到出羽三山祭拜。他在登山前一周就严守斋戒，还用盐把硬币擦得锃亮当作香火钱。

等我到了十五岁，也被父亲带去爬山。那是我生平第一次穿草鞋，当我经过还有残雪的小溪时那种冰冷的感觉，直到现在都难以忘怀。

我长大之后回想起来觉得这个传统实在不错，于是决定等以后有了儿子、孙儿的时候，一定也要带着他们去登山参拜。我们家有四个孩子，其中还有一个是女孩。按照过去的习俗，这种祭拜仪式是只有男孩才能参加的，但如今提倡男女平等，所以我也带着女儿去参拜了。

后来当我的大孙儿长到十五岁时，我问孩子的父母有什么打算，他们回答说："咱们去出羽三山吧。"看来成年时去出羽三山祭拜已经成为我们家根深蒂固的传统了。

在等待其他几个孙儿长到十五岁的过程中，我发觉自己的气力已经大不如前了，于是便决定等他们上小学了就带着他们去登山。用不着担心还是小学生的孙儿们能不能经受这样的旅行，小学生们都是精力充沛的，感到筋疲力尽的反倒是大人们。

孙儿们对于住僧房、吃斋饭这些体验，都觉得十分新鲜，兴致很浓。他们虽然年纪还很小，但已经能够体会到那种庄严肃穆的心境了，他们也因为能够一口气登上山顶而充满成就感。

在我们祖孙四代传承这一习俗的过程中，时代的变化也是日新月异。我父亲成年时连汽车都没有，他去登山时，一路都是步行，我去参拜时是坐蒸汽机车到山脚。我的儿子去登山时是搭乘特快列车，长孙则是乘坐新干线到新泻，小孙儿们是坐飞机到庄内机场，回来时乘坐山形新干线。在路上，我对他们讲起过去我和我的父亲都是怎么去登山的，大家都兴致勃勃地听着。

孙儿们以后也一定会结婚生子，他们的孩子也总有一天会长到十五岁。到那个时候我们家的传统会演变成什么样子呢？真是让人期待。

我建议每个家庭都创造出自己家独有的东西并把它一代代传承下去，这可以是一个纪念日，也可以是一种仪式。没必要非去出羽三山不可，在新年时拍摄一张全家福也行。这些都是能够让孩子感受到“家庭”意义的好机会。

教育是
最重要的事
03

You are right
（你是对的）

不知道夸奖别人的方法？不能过分表扬孩子？不行不行，哪怕只是孩子出现在你的生命中这一点，就足够你好好赞扬他一番了。

我的祖父纪一特别擅长赞美别人。他不管对方是什么样的人，都能发现对方的优点并且热情地赞扬对方。说我的祖父会对人“赞扬个没完”也完全不过分。

我自己也常常得到祖父的表扬。祖父的口头禅是“You are right”（你是对的）。小时候，每当我走到祖父身边，他都会一下子把我抱起来，对我说“噢，茂太，你又长高了啊”“你可真棒啊”等让人听了都难为情的话。祖父不仅对我如此，对别人也是一样。他看到有孩子画了一幅画，就会称赞说：“这幅画真好看，将来会成为画家吧。”看到有孩子捉了只虫子，他会说：“你可真厉害，以后会成为昆虫专家呢。”

祖父绝不会说出让人意志消沉的话。有些让我们听了都觉得难为情的赞美，祖父却总能若无其事地说出来，而且绝对没有人会因为他的这番话感到不快。我想之所以如此，都是因为大家信服祖父的品德吧。我们最喜欢的，就是祖父总是能够让大家心情愉悦这一点。

就连大人们都沉醉于祖父的赞美中，在他的身边形成了一个很大的交际圈。祖父就像是磁铁一样能够把大家都吸引到自己身边。祖父发挥自己在待人接物方面的长处，成为了一名成功的企业家，之后还被选举为众议员。

建立良好人际关系的根本在于：想要得到别人的尊重，先要尊重别人。这一点我从祖父身上学到了很多。而“You are right”这句话，更成为了我看待世界的出发点，让我养成了凡事总是去看积极一面的习惯。我也要把从祖父那里学到的要始终尊重他人的态度，当作一笔宝贵的人生财富，一代代地传承下去。

人总要在自己得到别人的认可之后才能够安心。相反，如果被别人忽视，就会感到无比痛苦。我们如果想一想孩子遭受批评时垂头丧气的样子就不难理解了。其实，我们对孩子最好的表扬，不是对孩子取得了某种成果的表扬，而是对孩子自身的表扬。“You are right”这句话虽然简单，但却饱含着对孩子充分的肯定，是可以给予孩子难以撼动的安全感的一句话。

有的爷爷奶奶虽然也非常想表扬自己的孙儿，但是却因为不知道该在哪些方面表扬孙儿而发愁。对于爷爷奶奶来说，孙儿只要陪伴在自己身边就能给自己带来莫大的幸福感吧？所以爷爷奶奶只要给孙儿一个温暖的拥抱，告诉他“你很棒”就足够了。

教育是最重要的事 04

批评孩子一次，就要再表扬他十次

爷爷奶奶不能总是挑剔孩子的错误，要多发现孩子的优点，特别是要寻找潜藏在孩子身上的难以被人察觉的优点，这也是爷爷奶奶的责任。

批评人是很容易的事，可要表扬人却很困难。

如果现在要求爸爸妈妈说出自己孩子的十个优点，我想能够如数家珍地说出来的恐怕一个都没有。很多爸爸妈妈对于孩子的朋友或者别人家孩子的优点都能了如指掌，但一谈到自己家的孩子，眼睛里看到的就只有缺点，怎么也看不出自己的孩子都有哪些优点。

孩子如果总是被爸爸妈妈批评指责，自信心会一点点丧失殆尽。这时候就需要爷爷奶奶发挥作用了。爷爷奶奶需要做的就是发现孙儿身上不被爸爸妈妈了解的优点，不仅要当面表扬孙儿，还要告诉孙儿的爸爸妈妈“XX 在这方面表现得十分优秀”“XX 这件事情做得特别好”。

爸爸妈妈不会不喜欢自己的孩子被人夸奖的，爸爸妈妈听到这些夸奖之后，很有可能就会慢慢注意到孩子在这些方面表现出的优点。如果爷爷奶奶的表扬，能够让孙儿的爸爸妈妈也开始学会发现自己孩子的长处，那可是立了一件大功。

可以说，批评孩子一次，需要再给他十次的表扬才行。这样一来，如果爷爷奶奶有十次想要批评孩子，那就得表扬孩子一百次才行，这可是很难办到的事情。所以，爷爷奶奶也可以在想要批评孩子的时候，想方设法把批评转化为表扬。

如果爷爷奶奶对孩子说“你怎么搞的，把房间弄得这么脏”，并不会收到很好的效果，还要在其他方面找到孩子身上十个值得表扬的方面。所以爷爷奶奶不妨表扬孩子：“你在打扫房间啊，你可真棒，现在都会打扫房间了。房间被收拾干净了，我们的心情也会变得更好呢。”

对于孩子来说，这种方式要比劈头盖脸的训斥更加容易接受。而且，最重要的是，这样还能让孩子变得更自觉。

委婉地提醒孩子注意自己缺点的诀窍就是，在表扬中掺入想要引起孩子注意的地方。在大人的世界里也是这样，如果我们打算向别人提出忠告，开门见山地指出对方的问题，很容易引起反感。而如果我们在这时候，先表扬对方做得好的地方，接着提醒对方，“还有，如果你能在这个方面多留意一下，我想会有更好的结果。”这样的交流也会更顺利。

像这样，爷爷奶奶如果能养成善于发现别人优点的习惯，不仅会看到儿子、孙儿的长处，也会更容易发现爱人、其他家人，甚至是日常接触到的其他人的优点。这种习惯，也会让自己的心情变得更加美好。

教育是
最重要的事
05

发现孩子的优点之后立刻表扬他

孩子受到表扬后会很开心，为了再次得到表扬就会更加努力。长辈的表扬能够激发孩子的干劲和自信。

我在这里所说的表扬孩子，可不是看到孩子取得的某个成绩之后随口说出的表扬，而是从爷爷奶奶内心发出的赞叹。

爷爷奶奶想要发自内心地表扬孩子需要掌握几个技巧：总是因为同一件事表扬孩子没有效果，总是用相同的话表扬孩子同样没有效果。

如果一个人每天都听到别人称赞自己漂亮，虽然不会感到不满，但也会习以为常，心里想着“没错没错，就是这样”，不会觉得有什么了不起的。而如果他每天都能听到诸如“哇，你今天的衣服搭配得很合适，非常漂亮”“你今天换发型之后显得更年轻了”“你今天做的晚饭真好吃，我觉得还是在自己家吃到的饭菜最好吃”等针对日常生活中的事情自然发出的赞叹，他一定会因为自己总是得到别人的关注而高兴。

孩子的心理也是一样的。为了寻找孩子的优点认真地观察孩子的一举一动，不失时机地表扬孩子，这就是表扬孩子的诀窍。

寻找孩子的优点，不仅需要爸爸妈妈的努力，包括爷爷奶奶在内的一家人的配合是必不可少的。

对于同一件事，如果妈妈表扬孩子，爸爸批评孩子，这会让孩子感到无可适从，所以爸爸和妈妈在表扬孩子时最好态度一致。如果爸爸妈妈的意见无法统一，爷爷奶奶可以再另外寻找孩子身上能够得到大家一致认可的优点。

“这孩子，集中精神的时候连别人的声音都听不到了。”

“是啊，他现在正全神贯注地看书呢。不过他看的书很多都是漫画。”

从这样的对话中，爷爷奶奶就可以把“全神贯注”这个关键词当作表扬孩子的素材。

我想，大人们与其简单粗暴地斥责孩子“你不要一天到晚只捧着漫画书看！”不如引导孩子“把你这超强的专注力发挥出来，尝试着多读一些漫画之外的其他各种图书怎么样呢？”这样与孩子对话，效果应该会更好吧？

这种交流方式不仅适用于孩子，如果家庭里每一位成员都能够善于发现彼此的优点，不吝惜对家人们的称赞，家庭关系也一定会变得更好。要记住，一成不变地说“真不愧是我的爸爸！”是不够的，“爷爷真帅啊！”“奶奶一直都这么年轻漂亮！”等更多的赞美，能让家庭里每一位成员都开心地生活。

孩子在这样温馨的家庭里成长，也会形成乐观开朗的性格，孩子会相信“我自己说不定也很棒呢”，自然而然地学会积极地面对世界。

教育是
最重要的事
06

体验比知识更重要

爷爷奶奶如果真的是为了孩子着想，就不要把孩子禁闭在“学习”“补习班”这样狭小的监狱里面。

我偶尔会看一档叫做《第一次买东西》的电视节目。在节目里，小孩子需要独自一人乘坐之前从没坐过的公交车去附近的集市买东西，或者兄弟结伴去更远一些的商店购物。在路上，有的孩子会不小心睡过站，有的孩子忘记了自己要买什么东西，还有的孩子因为买的东西太重差点儿哭出来。然而平常遇到困难时会第一时间赶来帮助自己的爸爸妈妈还有老师，这个时候却都不在身边。节目里，孩子们虽然时而哭泣，却仍然和哥哥姐姐、弟弟妹妹相互鼓励，重新振作精神，几经周折最终完成母亲交待的购物任务。孩子们生气蓬勃的身姿十分令人动容。

可想而知，孩子们购物任务的顺利完成，离不开电视台的工作人员们在幕后暗中的看护、帮助。但尽管如此，我们仍然能够从节目中看到孩子们为了完成任务，经历了很多的波折，能感受到孩子们的不安和难过、痛苦和喜悦等各种感情的起起落落。

孩子们通过自己的亲身体验得到的，不仅仅是经历了新鲜事物的喜悦，更重要的是在实践的过程中，抑制紧张的心情，克服不安的情绪，真切地感受到各种各样的感情。

我们在到目前为止的人生中，很多事情都是从自己的亲身经历中学到的。可是，学生时代坐在学校的座位上学到的东西，到底有多少是我们直到现在还能牢牢记住的呢？当然，我们学生时代学到的知识，有很多在日后的工作中也能发挥作用，但进入社会之后，和学校的功课毫无关系之后，那些没有必要的知识很快就被忘得一干二净了。

可是，我们从超出日常生活范围的体验中学到的东西，却是绝对不会忘记的。去国外旅行之前遇到的麻烦、遭遇了九死一生的事故、在遇到困难时得到别人的热心帮助，这些让人忐忑不安、欢欣雀跃的经历，都会在我们心里留下深刻的记忆。纵然这些记忆会随着岁月流逝，逐渐沉淀在内心的最深处，但我们从中获得的体验，却会印刻在我们的心里，储存在我们的身体里。

很多时候，孩子们通过亲身经历获得的东西，比书本上的知识更有意义。所以说，我们没有必要为了让孩子能够考上“好学校”、进入“好社会”而把孩子束缚在功课里，我们需要尽可能地让孩子看到广阔的世界、体验更多的事情、感受到各种各样的真情实感。

教育是最重要的事 07

耐心等待，别着急帮助孙儿

动手帮忙或者出言指导，会妨碍孩子的自立。如果爸爸妈妈没有等待孩子的时间，爷爷奶奶最好能够耐心等待。

“快点儿，快点儿”是妈妈们最常受到批评的口头禅。

有一位妈妈曾经对我说过，“我在生孩子之前，明明下定决心绝对不能成为总是催促孩子‘快点，快点’的妈妈，可是当我真的当了妈妈之后，不知不觉就常常要求孩子快点儿把事情做好，我也不知道自己怎么会变成这个样子。”

我觉得这可能是因为如今的社会都在追求快捷、高效的缘故吧。现在的妈妈们也都变得过分焦躁了。考虑到现在的爸爸妈妈们每天都有数不清的事情要做，每天都忙个不停，妈妈们的这种心情可以理解，但很多爸爸妈妈在没必要那么着急的情况下都不能耐心地等待孩子。觉得还是自己动手更快，常常忍不住自己帮孩子把事情做好的父母也不在少数。

就在一家人打算出门的时候，孩子还在磨磨蹭蹭地穿鞋子，爸爸妈妈就会忍不住一边催促孩子动作快点，一边帮他穿好鞋子。孩子一个人系衣服的纽扣很费时间，爸爸妈妈就会三下两下帮孩子系好。特别是在工作日的早晨，爸爸妈妈因为担心上班迟到当然心急如焚。

有人会说既然这样，那爸爸妈妈早起三十分钟提前做好准备工作不就行了？可是爸爸妈妈有些家务劳动必须在晚上就要做好才行，此外还有需要带回来加班的工作，想要创造出这早起的三十分钟实在太困难了。

孩子的生活节奏和大人的节奏也是截然不同的。如果强行让孩子按照大人的节奏行动会给孩子造成莫大的痛苦。妈妈越是急躁地催促孩子，越会让孩子感到精神紧张，结果反而会让孩子消耗更多的时间。还有的孩子为了试探妈妈是不是关心自己，甚至会故意磨蹭，等待妈妈的帮助。妈妈因为没有耐心等待孩子，就会每一次都替孩子代劳，这样下去的结果必然是孩子总是没办法自己动手。家庭的生活模式就这样陷入了恶性循环。

爸爸妈妈没有耐心等待孩子，不停催促孩子，甚至直接帮助孩子的情况，不仅局限于每天早晨，而是在孩子成长过程中的许多场景中都会发生。这么做只会阻碍孩子的自立。

当需要配合孩子的时间，配合孩子的节奏时，说不定让爷爷奶奶出面更加合适。既然孩子的爸爸妈妈时间紧张，那么爷爷奶奶可以帮忙接送孩子从幼儿园、托儿所上学、放学。这对于爷爷奶奶来说是很好的运动方式，孙儿也不会再被人催促“快点，快点”，可以按照自己的节奏做好上学的准备。这么一来孙儿在心理上会感到从容不迫，自理能力也会得到提高。

教育是
最重要的事
08

大人不仅要说给孩子听，更要做给孩子看

特别是孩子在上小学之前，他的全部生活态度，都是模仿爸爸妈妈、爷爷奶奶等身边的大人，耳濡目染，养成习惯的。

教育的根本就是“向孩子展现自己的态度”。

妈妈如果总是懒洋洋地看电视，却要求孩子努力学习，孩子肯定不会乖乖照做。爸爸如果平常总说公司里上司的坏话，却教育孩子要听从老师和长辈的话，也不会有什么效果。

教育的根本就在于爸爸妈妈在日常生活中展现的态度。爸爸妈妈说话做事的方式不一样，那也不太可能在育儿观念上达成一致。这个世界上也根本没有“只要这样说就能让孩子理解，只要那样说就会让孩子听话”的魔法一般的语言。爸爸妈妈对孩子的教育也不是通过这种小聪明小技巧就能做到的。

有些爸爸妈妈因为平常陪伴孩子的时间很少，为了弥补这种不足，只要是孩子要的东西都会买给孩子。不仅是忙着工作的妈妈会这样做，有些经常出差的爸爸也是这样。我很理解这些爸爸妈妈们的心情，可是孩子如果能够轻而易举地得到一个又一个新东西，爸爸妈妈再想教育他珍惜得来的一切就没有说服力了。

还有，每天吃饭的时间对孩子也十分重要。我听说现在很多家庭里连砧板和菜刀都没有了，我为这种现象非常担忧。我们生活下去的力量是每天的饮食赋予的。一个连每日三餐都不重视的人，他的生活也一定是粗糙简陋的。

当然，我们没有必要大吃大喝，为了图方便偶尔在外面吃也没什么不好。大人们忙不过来的时候还可以让孩子帮忙。

现在也不是非要妈妈做饭不可的年代了。我那个时代奉行“君子远庖厨”，所以我连一次下厨的经历也没有，总是麻烦妻子准备一家的饭菜。现在应该有很多丈夫都对做饭得心应手了。特别是在照顾孩子长大成人的过程中，更需要夫妻俩齐心协力为孩子呈现一份满含着温暖爱意的丰盛饭菜。虽然万不得已的时候我们也只好将就一下，但我们要知道，“速成食品带来的也只能是简单的关爱”。

我们在教育孩子“不要给别人添麻烦”“记得说谢谢”“和别人说话时要面带微笑”“要帮助有困难的人”等道理的时候，最重要的是爸爸妈妈们要为孩子做出榜样。当然了，爷爷奶奶也不要忘记，自己还是孩子爸爸妈妈的榜样。

教育是最重要的事 09

这些真的有必要吗?

只有经历过物资紧缺时代的爷爷奶奶才知道什么是真正的丰盛，才能够教会孩子什么是“辛苦”“不便”和“贫乏”。

现在的孩子们生活在物质丰富、感受不到丝毫不便的环境里，想要让他们明白把生活中必备的物品都置办齐全有多艰难，实在是一件很不容易的事情。

如果我们习惯了物质丰富的生活，只要物资有一点儿匮乏就会感到很不满足。如果我们习惯了便利的生活，稍微有一点儿不方便的地方，都会觉得难以忍受。结果，人就这样变成了物质的奴隶。

现在无论是大人还是小孩都随身带着手机，于是人们在约定碰面地点的时候，往往只会先确定一个大概的位置，等到了之后再通过手机联系对方。在以前，如果我们因为睡懒觉，错过了约会的时间，会在醒来后匆忙跑到约定的车站，之后会在车站留言板那里看到上面写着“我等了你三十分钟，你都没有来，我先回去了”，然后连忙跑到女朋友家里向她道歉。不过在现在，如果有人睡过了头，只要醒来时给对方打电话或者发信息，无论对方现在在哪里都能立刻取得联络。

不过，这也只限于信号正常的情况下。如果我们遭遇了意想不到的状况，手机也有可能打不通。这个时候我们应该怎么办呢？你有没有考虑过是否还有其他和外界取得联络的方式呢？

我并不是劝告大人们千万不要给孩子买东西。我只是希望大人们不要在孩子提出要求后就立刻买给孩子，而是先让他想一想这件东西是不是真有买的必要。这个建议不仅针对孩子，也适用于大人。我觉得家庭里每一位成员都应该养成这样的习惯。

东西损坏的时候，不要立刻把它丢掉，试着把它修理好，小心地使用，这样我们会对物品更加珍惜。我们这些经历过物资匮乏时代的一代人，更应该教会孩子这个道理。

我还觉得最好不要鼓励孩子追逐新潮的东西。我们家买电视的时间就非常晚。而我的孩子们也没有因为家里没有电视看就忍着不看电视，他们会去有电视的好朋友家里去看。我们家买电视这个例子，或许对那些犹豫是否要给孩子买新游戏的爸爸妈妈有参考的价值。因为孩子们会为了和朋友们有话可说，千方百计自己想出办法的，所以爸爸妈妈不用为了这件事过分操心。

虽然只是给孩子买一件玩具这种小事，但也隐含着一个关乎孩子生活方式的问题：这真的是现在必须买的吗？究竟买还是不买，需要孩子通过认真思考再做出决定。爷爷奶奶在面对这样的问题时也一定要慎重考虑。

教育是
最重要的事
10

给予孩子笑对失败的勇气

失败无论对于孩子还是大人来说都是一件好事。我们如果连自己的弱点都能正视，也就没有什么可怕的事情了。

人如果不亲身经历一些事情，就很难有真正的收获。特别是在童年时代，我们就是这样在反复的失败之中逐步成长的。

对于小孩子来说，每当遭受一次挫折，都可以借此思考自己失败的原因，发现自己犯的错误，探索进行下一次尝试的方法，通过积极的思考把失败当做通向成功的跳板。然而爸爸妈妈什么事情都能比孩子更早预料到后果，常常因为太过于害怕挫折会让孩子的心灵受到伤害，于是把这种“只有亲自尝试才能获得的宝贵经验”从孩子手中剥夺了。

我希望大人们能拥有不怕失败的勇气。就算孩子失败了，大人们也要有不会做出过激反应、只是轻松地一笑而过的勇气。哪怕孩子在别人面前做出了可能会招来嘲笑的事情，这对于孩子一生的成长，也绝对不会带来负面影响的。

大人如果在孩子失败的时候，能够在孩子身边支持孩子，给予孩子温暖的鼓励，告诉孩子“这没什么大不了的，不用放在心上”，就会培养孩子不怕失败、勇于尝试的勇气。相反，如果大人们总是担心孩子会失败，觉得这是很耻辱的事情，孩子就会因为害怕失败，失去踏出向前一步的勇气。

不仅仅是孩子，有很多大人也是一样，总是为了过去的失败悔恨不已，心底总是潜藏着对失败的恐惧，无法挑战新鲜的事物。如果一个人总是沉溺在对失败的悔恨之中，不但无法让事情向更好的方向发展，自己也不会成长。

我的爷爷纪一曾经因为火灾损失了医院和自己的房子，

因为没有参保火灾保险，所以几乎沦落到“身无分文”的地步。是我的爸爸茂吉担负起了重建医院的重任，可爸爸四处借钱，辛辛苦苦重新建好的医院，又在东京大空袭中化为灰烬。然后，这次又是作为长子的我，在战争结束后，从头开始建设了新的医院。

这么看来，说不定我们斋藤家的命运就是每一代人都要建设一座新的医院。每一次重建过程中饱含的辛酸不言而喻，但我并不认为这是一件坏事。

有很多人在人生的前半段顺风顺水，一路高歌猛进，此后遭遇到一次挫折就从此一蹶不振。这些人，恐怕就是因为在孩提时代缺少失败的经历，所以才会对一丁点儿的失败都没有抵抗的能力。

虽然我们不能说“失败是成功之母”这句话是完全正确的。但确实我们经历的失败越多，越能提高抵御挫折的能力，越会具有攻克难关的挑战精神。如果我们总是因为害怕失败而畏首畏尾，那我们的人生也会裹足不前。

教育是最重要的事 11

让孩子看到死去的人

让孩子看到亲人死去的一幕，可以帮助孩子思索“人的一生”“自己的未来”以及“家庭”的意义。

孩子遇到亲人逝世的场面，会成为他人生中无可替代的经验。因为现在很多人都是在医院亡故的，所以人们很难目睹亲人逝世的瞬间。不过我们至少可以让孩子看到死者被放入棺材时的模样。

让孩子看到死亡的场景,是难得的能够促使孩子思索“人的一生”“自己的未来”的机会。而亲人的离世，更能让孩子开始思考家族的意义。

我的祖父纪一是在我上小学六年级时去世的。他是在疗养地热海的一家旅馆去世的，母亲收到消息之后就带着我，从东京出发前往热海。

我们把祖父的遗体摆放在车子后面的座位上端坐，为了不让遗体倒下，我和妈妈就分别坐在遗体的两边支撑着，保持这样的姿态把遗体运到东京。祖父的遗体并没有显示出什么异常的反应，但我却不可思议地感到伤心与悲凉。我感到自己顿时失去了依靠。祖父遗体带给我的冰冷的感觉，是我从未感受过的、非比寻常的冰冷。

就是在那个时候，我真切地感受到祖父已经死了。

祖父生前有旺盛的服务他人的精神，他特别喜欢热闹的气氛。如果祖父还活着，去东京的这一路上肯定充满了欢乐。可是现在，祖父就这样静默地一动不动。

人，总有一天会死去……我自己也总有一天会长大成人，会步入社会开始工作，会结婚生子，会慢慢衰老。到最后，我也会和祖父一样死去……

连小孩都知道“人早晚都会死去”，我自己也明白这个道理，但是以前总感觉那是虚无缥缈的事情。可在那一刻我觉得，是祖父通过自己的遗体，真正教会了我“死亡”的意义。

“死亡”的意义，并不是通过对此懵懂无知的人说一句“要珍惜生命”，就能让人豁然开朗的；诅咒别人“去死”的人，也不会真正明白“死亡”真正的意义。

我建议让孩子“看到人在去世时的样子”，就是出于这样的理由。

这可能会给孩子带来一时的震惊，但对于孩子长远的未来绝对没有坏处。

我对此深信不疑。

教育是
最重要的事
12

被叫做“坏爷爷”，也是好事

当孩子进入为了理想与现实之间的鸿沟而烦恼不已的青春期时，也就成长到了从孩子到大人的过渡阶段。爷爷奶奶在这个时候只要默默地关心他们就好了。

孙儿上中学时，有一次突然跑到我的身边，对我说："坏爷爷，给我出去！"我听了高兴得差一点儿笑出声来。不过，我觉得如果自己真的笑出来，那对孙儿实在太没有礼貌了，所以我一边做出窘迫的表情，一边在心中暗自高兴："这孩子总算到了叛逆期啦。"

恐怕大部分家长都会觉得孩子这种举动"这可真是不得了的问题！"不对不对,我们先别着急下结论。千万不要忘了，我们自己也经历过这样一段时期。

人类可以说是非要经历这样一段叛逆期不可的生物。经常在家庭对亲人施加暴力的人，有很多都没有经历过叛逆期。他们因为一直要压抑自我，扮演好孩子的角色，所以不知什么时候就会突然控制不住自己的情绪。从这个方面来说，叛逆期是孩子人生当中必不可少的重要时期。

我被孙儿说是"坏爷爷"的时候，克制住内心的喜悦，装出一无所知的样子。就这样，孙儿叛逆的态度过了差不多一个月就一下子沉寂下来了。这之后又像什么都没发生过一样，亲切地叫我"好爷爷"了。"真是比我预想的还要短啊。"我在心里还有点儿不满足。

当孩子处于叛逆期时，大人们最需要注意的是，当孩子说脏话或者举止有些粗暴的时候，千万不要为了每件小事都担心。爷爷奶奶也不要因为从可爱的孙儿口中听到"坏爷爷""坏奶奶"……而不知所措。我们在这时候，只要耐心等待孩子这段时期过去就好了，没必要冒失地横加干涉。

另外，爷爷奶奶在路上碰到孙儿时，也不要追问孙儿“你要去哪？和谁一起去？什么时候回家？”这些“多余的问题”。了解孙儿要去哪里、什么时候回家，是爸爸妈妈的责任。爷爷奶奶最好不要在这些方面管得太多。

爷爷奶奶如果在路上遇到了孙儿，只要对他说“路上小心”就足够了。

爷爷奶奶“无条件地认为孙儿可爱”的这种感情本来就不需要负责任。这也是理所当然的，爷爷奶奶正因为不需要对孙儿承担责任，所以才觉得孙儿可爱。不过，爸爸妈妈对于孩子却担负着责任。爸爸妈妈因为对孩子负有责任，所以才会担心会烦恼，所以才需要拼命地寻找适合孩子的思考方法、教育方法。

所以，爷爷奶奶要记住的是，把这些事情全都交给爸爸妈妈来处理，自己只要以身为爷爷奶奶应有的态度照顾孙儿就好了。“保持距离”很重要。

爷爷奶奶尽管放手让爸爸妈妈教育孙儿，自己只要认可孙儿的人格，寻找孙儿的优点不失时机地表扬他就好了。这样，爷爷奶奶和爸爸妈妈就能在孙儿的教育方面取得良好的平衡。

PART 2

想要告诉你……作为一个人最重要的事情

想要告诉你……
作为一个人最
重要的事情 01

不要给别人添麻烦

大人们如果给孩子立下名目繁多的规矩，那其实和根本没有规矩没什么两样，最后的效果也不会太好。己所不欲，勿施于人。这是大人们需要教会孩子遵守的最低限度的规矩。

什么样的事情会给别人造成麻烦呢？简单说来，不论是在行动方面还是言语方面，自己不愿意别人对自己做的事情，就是会给人造成麻烦的事情。

比如说，会给别人带来伤害的言论，对于被谈论的人来讲就是麻烦。

无论是谁被人说了过分的话，心情都不会很好。会给别人造成困扰的事情不仅体现在言语上，还包括会引起别人不快的行为。

如果一个人在公交车里，或者在其他公共场所大声地说话、打电话，很明显会给别人造成困扰。

而让人出乎意料的是，孙儿这一代人对于使用手机时应该遵循的礼仪规范十分了解，一般情况下都会把来电提示设为静音模式，和别人联系时也大多是通过短信的方式，他们这样做的原因，我想很大一部分就是为了避免打扰到其他人。

与此相反，我们可以看到那些在公交车里大声说话的人，大部分都是爷爷奶奶这一代人。

另外，借别人的东西不按时归还也会让对方感到困扰。还有的小孩会在餐馆等公共场所哭号吵闹，或是追逐嬉戏，他们这种行为显然搅扰得其他人心烦意乱。

这个时候，我们不妨换位思考："如果是我自己遭遇了这种事情，我的心情会怎样？"

这样一来我们很容易就会分辨出哪些是会让别人感到困

扰的事情。

这么说来，也有些孩子会强词夺理反驳道："就算别人对我做了同样的事情，我也不会觉得有什么大不了的。"然而，有些事情虽然我们自己觉得无所谓，但还是会让多数人觉得受到了干扰。在人多的场合，我们的言行不能过于随意，要注意遵守公共场所的礼仪规范。

如果我们的一言一行都能注意照顾到别人的情绪，我们的人际关系也会因此变得和谐融洽。除了前面提到的生活细节，像是伤害别人、偷窃别人东西这些甚至会惊动警察的事情，更是我们千万不能触及的禁忌，这些事情是人们无法忍受的最大的麻烦。

大人们与其针对各种各样的生活细节事无巨细地给孩子制定名目繁多的规则，还不如要求孩子遵守"不要给别人添麻烦"这一最低限度的规则更有效果。

不过，大人们还必须让孩子清楚地理解这条规则为什么如此重要。爸爸妈妈可能会因为工作繁忙，敷衍孩子说"总之我们怎么说，你就怎么做就行了"，这时候爷爷奶奶可就要耐心地向孩子解释清楚，直到他彻底理解了为止。

如果孩子喜欢踢足球的话，爷爷奶奶就可以用足球比赛来举例说明。

如果大家在竞技体育中都不遵守规则，那么比赛就没有办法顺利进行了，我们也无法在比赛过程中确保自己的安全，更不能享受到竞技体育的乐趣。

我想，爷爷奶奶如果这么向孩子说明遵守规则的必要性，很容易得到孩子的理解。

想要告诉你……作为一个人最重要的事情 02

看到有人遇到困难了，要立刻去帮助他

“赠人玫瑰，手有余香”，我们帮助别人的时候，其实也是得到了对方的帮助。

有一个少年，总是逃掉高中的课程，骑着轰鸣着的摩托车四处兜风，是一个邻里间人尽皆知的不良少年。

然而也正是这个少年，在阪神大地震中表现得异常活跃。他骑着自以为傲的摩托车到处寻找水和食物，他不但把找到的东西供给自己的家人，还分享给邻居们。

人们的价值观并不是只有一个才是正确的。我想这个孩子的爸爸妈妈一定明白，并不是只有按时上学，考试取得好成绩才是对孩子来说最重要的事情。我想那孩子的爸爸妈妈虽然一定也会教训自己总逃课的孩子“给我好好上学”“不要吵到邻居们”，但在心里还是对自己的孩子充满了信心。他们一定相信自己的孩子“只是在学习方面很不擅长，但绝对不是一个坏孩子，总有一天他也能找到自己想做的事情”。

想要培养一个学习成绩好的孩子，其实十分简单。总而言之，大人们只要不停地督促孩子学习，通过书山题海让孩子的成绩提高就行了。而且大人们不但可以送孩子参加培训班，还可以为孩子聘请家庭教师。不过，如果想教育孩子看到有人遇到困难了，就立刻去帮助别人，却是一件难事。如果大人们只是口头上告诉孩子“看到别人有困难了，你要去帮助他”，孩子并不会明白人们在什么情况下才是遇到了困难，也不知道自己究竟要怎么做才算是帮助了别人。

我想前面提到的那位少年，他的爸爸妈妈一定是无法对需要帮助的人置之不理的热心肠的人。他们如果遇到了迷路的人，一定会细致地向他指明要走的路；看到有人在寻找失物，一定也会陪着他一起寻找；如果他们家的附近有独自生活的老人，他们也一定会不时地去探望。

那孩子一定从童年时就开始生活在助人为乐的家庭氛围中，从小就对爸爸妈妈热心帮助别人的古道热肠耳濡目染。正因为如此，在地震中的危急时刻，他才能够在没有人强迫自己的情况下，不但为自己的家人们寻找食物，还能够帮忙照顾邻居们。这种事情，无论是对这孩子，还是对他的家人来说，应该只是一件理所当然的事情，因为他们生活的环境就是这样的。

热心帮助别人的品德，是孩子在学校里学不到的，同样也不是大人仅凭几句说教就能教会孩子的。这需要大人们自己在日常生活的细节当中，通过自己的一举一动影响到孩子。

想要告诉你……
作为一个人最
重要的事情 03

不要说别人的坏话

如果你想要说别人的坏话时，那就要当面说给他本人听。当本人不在场的时候说他的坏话，说到底是自己实力不足的表现。

古语说“不要可怜别人”。这是因为当你觉得别人可怜的时候，自己也会被其他人看作是可怜的人。

说别人的坏话也是同样的道理。“不要说别人的坏话”，说别人坏话的人，也一定会被别人在背后说三道四。

如果一个孩子很喜欢说朋友或者老师的坏话，那在他的父母或者其他家人当中，一定有人经常说别人的坏话。如果一个家庭里总是弥漫着流言蜚语和其他人的坏话，这种家庭氛围不可能不会让孩子受到感染。

爷爷奶奶要教育孩子不能传播谣言，也不能毁谤中伤别人。说别人坏话的人，都是对自己缺乏自信，感觉自己的人生充满了不确定因素的人。他们因为对自己缺乏信心，所以心中总是感到不安，这种不安的情绪又会转化成不满，最终变成伤人的坏话脱口而出。

与这些爱说别人坏话的人相反，还有的人总是喜欢称赞别人。这些人都是非常自信的人，他们因为对自己充满信心，所以也能够清楚地看到别人的长处。而且他们在发现别人的优点之后，还有能够给出恰当评价的积极心态。可以说那种在当事人背后说人坏话的行为，归根到底是自己实力不足的体现。

在听到有人说别人坏话时，没有人会觉得心情愉快。而且，听到这些坏话的人还会在心里暗自怀疑“说不定什么时候，这个人也会对别人说自己的坏话”。这样一来，大家当然都会对爱说别人坏话的人敬而远之，不再和他打交道了。

我所接待的从其他医院转院过来的患者当中，也有些人很爱说之前就诊医院医生们的坏话。虽然我明白他这么说的目的是想要恭维我，但其实我听了心里一点儿也开心不起来。不仅如此，我还会暗暗担心这位患者会不会又在其他地方到处宣扬我的不是。

无论出于什么目的，到处散布别人的坏话不但不会给自己带来任何好处，反而只会给自己带来负面的影响。

爷爷奶奶在教育孙儿“不要说别人坏话”之前，首先需要帮助孙儿树立自信心。就算孙儿不仅学习成绩不好，运动天赋也很欠缺，爷爷奶奶仍要能够在孩子身上发现诸如“画的画惟妙惟肖”“照顾宠物时十分细心”“虽然做决定时都要花很长时间，但这种慎重的态度值得表扬”等，这些就连孩子自己都很难察觉的，自己独具的闪光点。孩子能够通过爷爷奶奶对自己的认可建立自信，这样也不会再说别人的坏话了。

想要告诉你……作为一个人最重要的事情 04

保持微笑

笑容会打消对方的戒备心理。对方的心情舒畅，也会以宽和的心情对待我们。

有一种人总是沉默寡言、表情严肃，另一种人常常面带微笑、和颜悦色。

如果让人们从这两种人中选出哪一种人更容易取得别人的好感，那大家一定都会选择常常微笑的人。

爷爷奶奶在教育孙儿“要以温和的心态待人接物时”，首先要教会他无论和什么人说话时都要保持微笑。微笑不但能够避免自己给对方留下不好的印象，还会让对方心情放松。

在快餐店的点餐窗口工作的年轻人们，总是微笑着问候顾客“您好，欢迎光临”。虽然我们明知这是经过训练的模式化的笑容，但当他们向我们微笑问好时，谁的心情会变得不好呢？也许我们还会心血来潮地询问：“请问有没有什么推荐的菜？”

有的时候，我们还会遇到表情冷淡、态度恶劣的接待员，仅仅是那么一次不愉快的遭遇，就会让我们情绪低落，觉得整个社会都处在黑暗阴湿的环境之中。可能那位接待员只不过碰巧那天心情不好而已，但在接待别人时还是应该记住“要时刻保持微笑”。

我曾经也对孙儿们说过“和别人说话时记住要面带微笑”。那个时候他们还很小，就算跟他们讲为什么一定要这么做，他们也不理解，于是我就自己做出微笑的表情让孩子们看。如果我们看到有人对自己微笑，也会自然而然地用微笑回应对方。孙儿们看到我的笑容之后，也立刻向我报以更灿烂的微笑。笑脸具有不可思议的连锁反应。

孩子们总是在观察着大人们的态度和行为。大人们如果总是在孩子面前展露出态度冷淡、声色俱厉的样子，就无法教会孩子微笑待人，也不会培养出态度温和、富有同情心的孩子。

有些大人们在工作的时候，还有和邻居谈话的时候都能够保持微笑，而希望自己在家时能够展现出自己“本来的样子”，但这对孩子的教育十分不利。我觉得自己本来的样子留在睡觉的时候展现出来就好了。如果人们能连睡觉的时候都能保持微笑那就再好不过了，我们千万不能忽视微笑在家庭生活中的重要意义。我们不妨在早起时，通过对着镜子中的自己微笑问候“早上好”，作为新一天的开始。

微笑不但能让自己心情愉悦，也会给家人们带来开心的气氛。爷爷奶奶在教育孙儿“要对人温和”“要有同情心”之前，先要让自己时常展露出笑颜。

想要告诉你……
作为一个人最
重要的事情 05

问候是交流的开始

在遇到认识的人时主动问好会帮助你构筑牢固的人际关系。特别是家人之间的相互问候，更是培养孩子健全人格不可或缺的。

“你好”“晚安”“谢谢”“我走了”。

在日常生活的人际交往中，我们要用到很多相互问候的话语。在美满欢乐的家庭里，家人们积极主动地彼此问候也是必不可少的。

不过，也有很多家长说，自己的孩子小的时候还会可爱地向长辈问候“早安”“晚安”，但等到他们长大了，就很难听到他们说出这些问候的话语了。

诸如“孩子们正处于叛逆期，和爸爸妈妈的代沟更大了”“孩子们变得更加独立了，不喜欢经常和父母碰面”等，我们有很多理由可以解释孩子们为什么会发生这种变化。

然而，不论遇到了什么事情，我还是希望大家能够重视家人之间的相互问候。家庭是人际关系的最小单位，也可以说是孩子练习与人交流的技巧、学习如何创造和谐人际关系的训练场。因为向人问好也可以说是一种习惯，所以孩子们如果在家里不会对长辈问好，在外面遇到熟悉的人，也不可能会主动地打招呼。

不过，我们也不能强迫孩子必须向人问好。我觉得更好的办法是，爸爸妈妈在教育孩子之前，首先在家里为孩子做出表率。

爸爸妈妈不妨想一想自己平时有没有好好地和自己的爱人打招呼呢？如果夫妻间都没有好好地说“我出门了”“一路走好”，却非要让孩子这样做，肯定无法让孩子信服。爷爷奶奶也需要以身作则。早晨见到孙儿就说“早上好”，孙儿要去上学时说“路上小心”，孙儿回来时说“欢迎回来”。虽然这些都是理所应当的事情，但孙儿如果每天都能听到这些问候，是不会感受不到爷爷奶奶对自己的关爱的。

问候中最重要的一句话就是“谢谢你”。

“早安”和“晚安”是在特定时间的问候，而“谢谢”作为传达感谢心情的话语，具有时间问候语无法承载的意义。同时大人们在生活中也要有意识地使用“对不起”“不好意思”等礼貌用语。

日本人因为具有岛国气质，所以擅长体会对方的心意，也具有“将心比心”的优点。可是从另一方面来讲，很多日本人虽然心里觉得感激，却总难以启齿。我们在平常接受了别人的帮助之后，是不是经常简单地点点头作为回应，而忘记说“谢谢”呢？爷爷奶奶自己也要反省自己，在日常生活中有没有和蔼可亲地对待晚辈们。

想要告诉你……作为一个人最重要的事情 06

Thank you
（要好好地道谢）

我真切地希望我们大家能把肩负未来的孙儿这一代人们，培养成能坦然道谢的人。

我觉得现在，越来越多的日本人都不会对别人说“谢谢”了。我相信他们的心里一定也满含着感激之情，但就是没办法开口，不能把自己的心意向对方传达。

在国际社会中，如果一个人不会说“谢谢”是寸步难行的。我们在从海外来日本旅游的外国人身上很容易看出来“谢谢”两个字有多么重要。当我们和他们一起乘电梯时，他们一定会笑着对初次见面的我们说“Thank you”；当门童为他们开门时，他们也会对门童说“Thank you”；乘出租车时，他们当然也会对司机说“Thank you”。很多情况下，我们只需要打个招呼就足够了，可他们一定会伴随着灿烂的笑容，真挚地说一声“Thank you”。外国人的这个习惯很值得我们学习。

我在豪华客轮“飞鸟”号首次出海航行的时候，有过这样一段经历。

在这艘客轮上有许多外国服务员工作。他们的工作态度热情周到，干起活来也干净利落，我们大家都受到了他们细心周到的照顾。这种长时间的海上航行，工作人员的服务态度和工作方式，是关乎乘客满意度的重要因素。

在这次旅行中，和我同行的伙伴中有一个人听得懂这些外国服务员的话，他在接受服务时听到了他们这样的窃窃私语：

“这些日本来的客人们，好像无论我们为他们做什么都不会说谢谢。”

其实不仅仅是我，日本乘客中的每一个人都尊重他们，真诚地感谢他们。然而可悲的是，如果我们不能把这种心情用语言表达出来，是没有办法让对方理解的。

这个道理在夫妻之间、亲子之间、家人之间也是一样的。我们对于一起生活的家人们明明总是怀着感激的心情，但因为总想着“这种事情就算不说出来，大家也一定会明白的”，却不知道对方并不能体会到自己的心思。

没有人在听到“谢谢”之后，会感到不开心的。当我们经过一天的忙碌回到家里，家人连忙为自己递来一杯热茶时，我们要向家人说一声“谢谢”;当家人为自己准备好洗澡水时，也要向对方说声“谢谢你帮我”。感谢的话语，并不是只有在关键时刻才需要说出，我们更需要的，是在日常生活中的小事中让家人们感受到自己感激的心。

儿子和孙儿看到长辈道谢的场景，心灵也会受到触动。这样我们就算不特意教育他们“要心怀感激地接受”“要好好地道谢”，也会让他们拥有一颗感恩的心。事实上，我们的态度就是很好的教育。

想要告诉你……
作为一个人最
重要的事情 07

不要把过错怪罪在别人身上

我们要自己承担责任，而不要把过错归咎给别人。我们在凭借自己的意志做出决断，自己为事情的后果负责的过程中，所经历的思想斗争，会为我们精神的成长带来很大的进步。

“是他的错”“都是因为这件事情没有办好”——有些人就是喜欢把过错全都归咎到别人身上。总的来说，这也是因为对于外界具有很强的依赖心理，所以当工作进展不顺利，或者家庭关系不和谐的时候，都习惯性地认为这都是别人的错误造成的。

这种不论遭遇到什么样的失败，都认为错在别人，绝对不承认自己过失的心理，有一个专业术语叫做“他罚”。

社会中的潮流也倾向于“他罚”。我们在新闻报道中常常会看到这样的评论：“这家店铺之所以经营不善都是因为现在的经济形势低迷。”大人们不妨想一想自己是不是也受到这种风潮的影响，在一家人坐在一起吃饭的时候，常常说这种话呢？如果真是这样的话，那我们就不用奇怪孩子们为什么也会沾染上这种不良风气了。

虽然人们常说随着年龄的增长我们看待世界的眼光会变得更加敏锐，但有些人却随着年龄增长，“他罚”的毛病也越来越严重。当他们养儿育女，抚养孙儿时，他们的儿子、孙儿也会耳濡目染，形成“他罚”的思维模式。

如果这种受害者意识在一个人的心里根深蒂固，这个人就只会不断累积怨恨、嫉妒等负面情绪，这些负面情绪对于心理健康具有非常大的害处。所以，我们最好能够客观地看待自己，尽力缓解消极情感。

与“他罚”相对应的是“自己负责”，这指的是一个人通过自己的意志作出决定并且付诸行动，自己为最终的结果承担责任。

爸爸妈妈如果想让孩子养成独立思考的习惯，就不能总是命令孩子做这做那，要事先问问孩子“你打算怎么做”，了解孩子自己的想法。孩子如果总是被大人的想法牵着走，一旦得到不好的结果，就会认为这都是大人的错。而如果这是孩子经过独立思考后自己作出的决定，那么就算事情进展得不顺利，孩子也会自我反省是哪里犯了错，不会怪罪别人。

爷爷奶奶如果发现孙儿一家的亲子关系中，孙儿没有表达自己的意见和想法的自由，可以主动询问孙儿：“你的想法是什么呢？”耐心地听孙儿说出自己的主张。爷爷奶奶千万不要听到孙儿口是心非的“我无所谓”就心满意足，要想办法引导孙儿讲出自己真正的想法，让孙儿自己选择自己的道路，自己为自己的生活承担责任。

不论孩子表现出了好的行为，还是做了不好的事情，这都是孩子观察大人的生活方式，模仿大人的结果。所以，如果大人们看到孩子身上萌生出“他罚”的倾向，那么就要重新审视自己在日常生活中的言行了。

想要告诉你……作为一个人最重要的事情 08

从争执中学习人际关系的基础

人际关系的微妙、危险与安全……孩子们可以从争执之中学习到很多东西。

我认为争执在孩子们的世界里是自然而然的事情。我在小的时候，不但常和自己的兄弟们打架，和朋友们也常常为了决定要去哪里玩，或者为了争夺玩具而发生争执。我从这些经历中学到的东西，就是“避免争执的方法”。

我们因为意见不同才会引起争执。而我们经历的争执多了，就会开始思考：“要怎么做我们才能避免争执呢？”为此，我们便会耐心地倾听对方的主张，冷静地陈述自己的观点，在可以让步的地方向对方让步，找到双方都能接受的妥协点——这样我们也就学会了避免争执的方法。

这种“避免争执的方法”，难道不就是我们在步入社会之后处理人际关系的基本技巧吗？

“不能和别的小朋友吵架”“大家要平等地对话、友好地做游戏”，爸爸妈妈们这些话听起来很有道理，可是小孩子如果没有争吵的经验，就很难学会避免争吵的技巧和冷静讨论的方法。这就像是让还没有学会跳绳的孩子刚开始就尝试二重跳一样。

有的爸爸妈妈从来不让孩子接触哪怕只有一点危险性的东西。如果有孩子在学校受伤了，学校就会把大型的游戏设施从校园里撤出；骑马打仗的游戏也是因为“有危险”的缘故，从运动会和比赛项目中消失了。大人们为孩子的安全考虑的心情可以理解。可是，如果孩子在成长过程中从不知道危险是什么，又怎么知道该如何避免危险呢？

这种安全至上的教育理念，会剥夺孩子察觉危险的能力，让孩子失去判别安全与危险的本能。我很担心，这样教育下的孩子们在面对巨大威胁时会变得手足无措。

吵架也是同样的道理，孩子如果在童年时连一次吵架的经历都没有，长大后遇到和别人的矛盾激化了的时候，很容易会给对方造成很大的伤害。孩子之间多一些小打小闹也是好事——这是过去的人们照顾孩子时经常说到的。现在的爸爸妈妈很容易忘记这些道理，爷爷奶奶可要及时地提醒他们。

想要告诉你……作为一个人最重要的事情 09

人的个性是在尊重常识的基础上培养的

社会性也是自立与个性必不可少的部分。如果一个人不给周围的人添麻烦就不能彰显自己的个性，那他的“个性”就不是真正的个性。

孩子并不会只学习爸爸妈妈好的一面，还会仿效爸爸妈妈不好的一面。爸爸妈妈的生活方式、思考方式、为人处世的态度等方方面面，都是孩子模仿的对象。

孩子的成长，在很大程度上受到爸爸妈妈生活方式的影响。爸爸妈妈作为孩子人生的长辈，必须要端正自己的生活态度，为孩子做出良好的示范。爸爸妈妈通过把自己的日常生活展示给孩子看，让孩子了解人生的真谛，这是比空泛的言辞说教更加有效的教育方法。

说到爸爸妈妈必须要教会孩子的事情，那就是“常识”，也就是人与人之间的交际规则、思考事物的方法。现在这个时代，人们都有一种轻视常规的倾向。有些爸爸妈妈还常常错误地把尊重个性挂在嘴边，对于社会常识十分不屑。

富有个性的装扮无可厚非，但如果人们在需要穿着正装的场合穿着牛仔裤和T恤出场，其实非常没有礼貌。如今流行休闲时尚，有些父母无论什么场合都穿着休闲服。其实根据不同的时间、地点、场合选择适合的衣服，应该是大家都要遵循的常规之一。

另外，还有很多人喜欢把戴帽子当成一种装扮，那么在和别人打招呼时一定要把帽子摘下来；当我们走到房间里面时，按理说也应该摘下帽子。虽然近来因为我们在电视上常会看到明星们即使在室内也戴着帽子，所以开始觉得就算在屋子里戴着帽子也没什么关系，但如果是在我们要和长辈说话这类的场合下，我们还是要摘下帽子来表示对长辈的尊重。

我们个性的发扬是要以尊重常识为基础的。一个人就算再有个性，如果说话做事违背常理，那么他的一生也不会受到大家的尊敬。

要明白，不论一个人如何紧跟潮流，生活方式多么独特，只要他不会说文明用语、不懂得餐桌礼仪、在门口脱鞋之后不会摆放整齐……不遵守这些常识的，那他就不会获得周围人们对他广泛的好评。

大人们没有办法把正确的行为举止，一夜之间贯彻到孩子的心里。这需要父母们在一个又一个细节中向孩子示范这些生活中应遵守的规则。爷爷奶奶可以在教育孙儿之前，回想一下自己当初有没有让孩子的爸爸妈妈正确掌握生活中的常识。

PART 3

孙儿哟，这就是人生

孙儿哟，这就是人生 01

80 分的人生就够了

我们越是执著地把完美当做奋斗的目标，反而越会离目标渐行渐远，到最后甚至会连生活的精力都衰退了。

把自己失败的经历讲给别人听，让别人看到自己的弱点，是一件很需要勇气的事情。相反，我们可以看到非常多的人都不敢把自己的弱点暴露出来。大家这么做的原因，可能是害怕被别人当作笨蛋，也可能是害怕会被别人当作无聊的人。

不过，我觉得就算自己被别人当作笨蛋也没什么不好的。因为，真正的我本来就是这个样子的。

我很希望自己成为一个可以把自己的失败还有缺点当作笑话讲给孙儿听的开朗的爷爷。因为我觉得，与其自我吹嘘“看我多了不起”“我可连这件事都能办得到”，还是对自己的缺点有自知之明，能够坦然面对失败的人更有魅力。

还有的人因为遇到了一点点的挫折就愁眉不展、闷闷不乐，认为自己是可怜人、卑微的人而自怨自艾。这样的人，很多都是对待事情一丝不苟、怀有志向远大的人。他们因为经常想象自己是一个完美的人，所以连一丁点儿的失败都不能接受。

人如果变成了“完美”的囚徒是一件很痛苦的事情。可是爸爸妈妈们却常常要求孩子做到百分之百，要求孩子不但学习成绩要好，性格也要活泼开朗，对待朋友还要友善真诚……如果真的有这样完美的孩子，我也很想开开眼界。

如果自己被要求做100分的父母或者祖父母会怎么样呢？总是要打扮得体，对人温柔，育儿家务样样拿手，为人处世也自立自强。一定会觉得“不行不行”吧？

所以我建议大人们要教会孩子只要能得 80 分就够了。其实，只要能得 70 分甚至 60 分就好了。与其让孩子被追求完美所带来的巨大压力打垮，还不如知足地把目标设在 80 分，另外 20 分在孩子有余力的情况下再慢慢争取。

英国前首相丘吉尔曾经说过 :“追求完美会让人麻痹大意。”如果我们把完美达成目标看得太重，就会不容许自己做错一点事情。这种巨大的压力最终成为自己行动的束缚，让自己不敢放开手脚去干。

人们常说“知足常乐”。爷爷奶奶如果看到孙儿在爸爸妈妈完美主义的要求下苦不堪言,就请告诉孩子的爸爸妈妈“孩子只要能得 80 分就足够了”。

孙儿哟，
这就是人生
02

Change of pace（注意生活节奏的变换）

孩子也有孩子自己的压力，大人们也很有必要帮助孩子缓解他们心理上的紧张。

可以说现在的孩子在学校和朋友关系上都处于极度紧张的状态。进入高度的信息社会之后，孩子被卷入到校园欺凌、毒品诱惑之中的社会问题显得日益深刻了。孩子为了不被朋友嫌弃，为了避免被班级的同学冷落，需要拼命地配合周围的气氛，有的时候需要自己故意做些傻事，鼓励自己振作起来。

而且，孩子在进入青春期之后，心理状态本来就会变得很复杂，再加上还要面对升学考试带来的沉重压力，对于难以预见的未来的不安，心情会更加沮丧。如果是在社会蓬勃发展、经济稳步上升的时代，人们还会有“只要我努力一定会做出一番事业”的乐观态度。然而，作为“失落的一代”的父母的孩子，很难说可以描绘出光明的前景。

如果孩子带着这么不安定的心情回到家里后，也得不到家人的理解会怎样呢？孩子如果回到家里面对的就是整天忙着工作、回家后累得什么都不想管的父亲，以及烦躁焦虑、斤斤计较的母亲，他会觉得自己即使在家里也没有值得依靠的人。

有的孩子会无视社会公德，做出反社会的举动；有的孩子会拒绝融入社会，把自己一个人封闭在屋子里。此外，还有的孩子会暴饮暴食或者患上厌食症。

我们也要注意生活节奏的变换，注意缓和紧张的气氛和自我调节。这种张弛有度的心理变化，能够帮助我们调整心情，打起精神。既然孩子为了应对学校以及朋友关系而心情紧张，那么大人们就要让他在家里能够充分放松。

爷爷奶奶首先需要耐心地听孙儿说话。爸爸妈妈在和孩子说话的时候很容易插嘴指责："所以说当时如果你能那么做就对了！""你为什么不这么做？"如果孩子每次和爸爸妈妈说话，都会遭到这样的责问，就会更加闭锁心扉。所以，大人们最好的做法是，让孩子知道无论自己怎样做都会得到父母的尊重与包容，让孩子能够把自己的所做所想毫无顾忌地与大人们分享。大人们只要耐心倾听就足够了，要给孩子自己决定要怎么做的自由。倾听孩子的心声需要时间的闲暇和心灵的优柔，所以爷爷奶奶可能更适合这种事情。

大人们有了烦恼，向朋友倾诉的时候，只要把心中的话说出来，心里就会痛快很多。有的时候，只要有人肯倾听自己的烦恼，感觉问题就像已经得到解决了一样。爷爷奶奶们，承担起倾听者的任务吧！

孙儿哟，
这就是人生
03

有幽默感就没问题

幽默会给孩子们的心灵带来充足的养分。希望爷爷奶奶可以让孙儿养成乐观面对人生的习惯。

要把孩子培养成有幽默感的人，这是大人们重要的责任。幽默在孩子人格的养成中发挥了重要的作用，大人们千万不要忽视幽默的价值。

孩子在进入青春期时，会有很大的苦恼。虽然这段时期是我们每个人都不可避免的，不过如果孩子具备一颗幽默的心，就能够容易一些地度过。无论遇到多大的烦恼，只要孩子拥有一颗能用幽默轻松化解的心，就会游刃有余，不会顽固地拘泥在令人不快的地方，而是能从全局观察，选择适合自己状况以及未来的发展道路。

幽默感不仅在孩子的青春期，在他们长大成人之后也一直发挥着重要的作用。这样就算陷入了困境，也可以自嘲几句“我失败了啊，不过……唉，算了”，不至于就此一蹶不振。我相信幽默教育才是家庭教育中最重要的内容，所以希望大人们能够重新认识幽默在家庭生活中以及孩子成长过程中的价值。

幽默精神是可以传染的。一个人笑了，也会引起周围人们的笑声，可以说幽默是能够通过空气传播的。

当一家人聚在一起吃饭的时候，需要有人提供些能让人开心的话题。大人们这时候既可以说说自己没做好的事情，也可以说说在工作中遇到的趣事。如果大人们只顾着问孩子“你最近学习怎么样”之类的话题，很容易把气氛弄僵。如果大人们能说些像“唉，今天是吃鲽鱼还是鲆鱼？”“鲆鱼的眼睛是平的，这种低眉顺眼的样子可是连科长都当不上的。”这样的俏皮话就好了。幽默感可以在发挥的过程中得到锻炼提高。

家人们在一起欢笑过后，就不会突然之间像是不约而同一般，开始家庭暴力的行为。人们因为开心而欢笑，也会在欢笑中变得更加开心。

虽然说做人最重要的是诚实与认真，但这与幽默精神并不互相违背。而且，可以说我们生活中的任何问题都是由于缺乏幽默感造成的，因为幽默是人际关系的润滑剂。

幽默精神要在宽松的环境和热闹的家庭氛围中才能得到培养。如果家庭的气氛紧张严肃，每一间房间都干净整洁、寂静无声，人的紧张感也会提高到最高的程度。正如同快乐的晚年离不开幽默感一样，温馨的家庭少不了幽默。如果家庭能够经常充满欢声笑语，那么孩子的紧张感也会打消。

孙儿哟，
这就是人生
04

浪费是成长的障碍，素质造就人类

奢侈浪费会让孩子失去意志力，看不到生活的乐趣。家庭成员共同努力，过上质朴的生活，也很重要。

“简朴节约是美德”，这句话对于现在的人们来说可能有些过时了。孙儿这一辈的人,有可能现在都没听说过这样的话。

现在物质丰富，孩子们想要的东西大人都能够买得到。大人们不但会给孩子买来吃不完的甜食点心，还会给孩子买各种各样的高级玩具。总之大人们为了哄孩子高兴，无论孩子要什么都会满足孩子。但这样也会让孩子不知道生活的艰辛，变得放纵任性。

另外，孩子如果习惯了要什么就会得到什么的生活，还可能会丧失奋斗的意志。因为孩子们会认为既然自己不需要付出什么努力就能够得到想要的东西，那也就没有必要那么努力了。

也有些孩子，当被问到圣诞节、生日时想要什么礼物时，会回答说“我什么都有了，不用再给我买东西了”。这可能并不是因为孩子真的没什么想要买的东西了，而可能只是因为孩子缺少了发现自己想做什么、想要什么的热情。

虽然爸爸妈妈这么做是为了让孩子生活得开心，不让孩子感到寂寞，所以事先为孩子把一切都考虑周全，但爸爸妈妈也要注意，这种做法会让孩子失去热情，感受不到生活的乐趣。

我们年轻的时候正遇到战争，生活没有着落，物资贫乏，当然必须要过艰苦朴素的生活不可。而正因为我们体验过经常饿肚子的苦日子，所以反而比其他人更加充满了“以后一定要努力生活，一定要干出一番大事”的信念。

从这个意义上来说，即使我们不去考虑要如何提高孩子的生活能力、如何锻炼孩子的意志这种困难的问题，也可以创造出能够培育孩子意志力的环境。

讽刺的是，大人们努力为孩子营造优越的生活环境，最终反而更有可能让孩子的性格扭曲，而一家人齐心协力，艰苦朴素地生活，教育出来的孩子却更有出息。大人们不需要给孩子超过必要限度的东西，如果孩子有非常想要的东西，可以让他自己思考要怎么做才能达成所愿，这样培养出来的孩子才会自觉地努力。

爸爸妈妈们不随便给孩子买零食，让孩子勤俭节约，爷爷奶奶也要配合他们的教育方针。不论疼爱的孙儿多么可怜地向自己要东西，爷爷奶奶也要有告诉孩子“不能奢侈”的勇气。这样做也是为了孙儿的未来着想。

孙儿哟，
这就是人生
05

人生中没有正确答案

重要的是让孩子找到“自己的风格”，这个过程也能塑造自己家庭的“家风”。

对于养育了众多孩子的爷爷奶奶来说，“没有比养育孩子更难的事情”这种感觉，一定很深刻吧。而且，爷爷奶奶也会明白不管自己为孩子的未来设计了什么样的人生规划，但结果会怎样，完全无法预测，也很难称心如意。

我们没有办法像解答考试问题一样解答育儿过程中遇到的问题。家庭问题也是一样。我们遇到了困难的时候，就算通过读书，查询各种各样的资料，也不能找到哪本书上写了可以一举解决自己遇到的难题的方法，也找不到哪里记载着和自己家的情况完全适合的资料。

现在的爸爸妈妈都是以小家庭的形式生活，这一代人也可以称为“指南一代”，因为很多人都是通过各种媒体寻找可供参考的育儿方法的。不过，我们能够从中找到的只是大家共通的内容，能够绝对适合自己孩子的解决方法、和自己家庭的状况完全符合的案例，是完全不可能找到的。

我们的婚姻也没有正确或者不正确。正确的婚姻生活也不是我们靠从书中找参考资料就能做到的。教育孩子也是一样，没有参考指南。而正因为没有完全可以依靠的参考，所以我们才能创造出自己家独一无二的家风。自己家的生活方式，是只适合自己孩子的，甚至连邻居家的孩子都不能生搬硬套。

不依靠其他人，自己独自思考，这是既费力又麻烦的事情，但其实也是最省事的方法。我们在思考自己到底该怎么做的同时，不但能理解孩子的想法，也能更容易发现适合孩子未来发展的道路。

在这里，我还是想不厌其烦地再说一遍，结婚、家庭生活，还有教育孩子，这些事情都是既没有正确答案也没有错误答案的。正因为没有正确和错误的区别，我们才可以一边创造专属于自己的家风，一边不断地修正。如果我们能在这个过程中感到快乐，那我们也就找到了营造快乐家庭的方法。

我们也会看到有的爸爸妈妈常常哀叹自己教育孩子失败了。其中最糟糕的情形，就是爸爸妈妈在孩子面前这么抱怨，没有比这更能伤害孩子自尊心的话了。爸爸妈妈可能只是一时有感而发忍不住说了出来，但这给孩子造成的伤害是难以言说的。

这个时候，就最需要爷爷奶奶的帮助了。爷爷奶奶可以告诉孩子“你并不是一个失败者”“人生并没有正确答案和错误答案”。

爷爷奶奶需要告诉孙儿的是，在我们的一生中，接受真正的自我、寻找自己的正确答案、快乐地生活才是最重要的事情。

孙儿哟，这就是人生 06

蠢事留到长大后再做

在家庭中划分出爸爸妈妈的世界和孩子的世界也不错。因为爸爸妈妈是能够承担责任的“大人”。

大人有大人专属的领域。这个领域是只有大人才可以进入的，或者说这个领域是大人们绝对不想让大人以外的人进入的。因为大人的领域里充满了许多相当愚蠢的事情。这些事情包含着喝酒、吸烟，甚至还有赌博。这些全都是大人世界里的事情，是孩子们绝对不能涉足的。

在西欧,大人的世界紧锁着厚重的门扉,防止孩子们接近。人们这么做是为了确保就算孩子们想做这些傻事，也只能等到长大之后才有机会做。

和以前相比，日本现在也增加了禁止孩子自由买酒和香烟的限制。然而，孩子们还是可以在家庭里接触到大人的酒和香烟。

而且，我们还常常会看到有些爸爸妈妈会把自己的孩子带到大人的世界里面。雇佣保姆的价格很高，三口之家也没法把孩子托付给别人照顾，所以爸爸妈妈就只好带着孩子一起去游戏厅或者酒吧这类地方了。

我觉得有些游戏是只有大人才能玩的。虽然说做蠢事是一个人的自由，但也只有可以为自己的所作所为负责任的人才可以享有这种自由。

我们不能武断地说去游戏厅玩游戏或者参加赌马就是愚蠢的，但这种乐趣毫无疑问是只有大人才能享受的。我们自己赚来的钱可以随便花在任何事情上来让自己高兴。也有些事情就是因为有一定的限制才显得有乐趣。大人世界里的这些事情也并非完全不好，只不过我们绝对不能让孩子们接触到。

这就是界限。我们应该在家庭里也设置这种界限。大人们也可以让孩子了解，自己不仅仅是陪伴在他们身边的爸爸妈妈,而且也是具有负责任地享受生活快乐的资格的“大人”。爸爸妈妈就算告诉孩子从现在开始就是“大人的时间”了，让孩子早点回房间睡觉，然后两个人观赏只有大人才能看的爱情电影也没什么关系。

有时候，夫妻一起进入大人的领域也很好。在西欧，夫妻常常会把孩子交给保姆照顾，两个人一起参加聚会或者欣赏音乐剧。而在日本,保姆的费用很高,一般家庭都无法负担，爷爷奶奶在这个时候不妨帮忙照顾孩子，告诉孙儿的爸爸妈妈“你们偶尔也该享受一下二人世界了”，把他们送到大人们的世界去吧。

孙儿哟，这就是人生 07

人生里并不是只有好事

作为人生的前辈让孩子看到人生自然的样子，这也是老年时的一大乐趣。

我们看着孙儿茁壮成长时，就会考虑自己作为步入老年的人生前辈，还能为孩子做些什么。

不过，我觉得我们要做的不是把孩子生活的世界粉饰得完美无瑕，而是要让孩子看到这个世界真实的样子，告诉孩子“人生就是这样的”。

我们和孩子谈论梦想和希望固然重要，教导孩子为了这些努力也很重要。然而，人生中也充满了无法达成所愿的无奈。不管我们怎样努力，因为家庭的事情、身体的状态、机遇、场合、生活时代的原因，总有些理想是无法实现的。

有时候，我们也想检讨失败的原因，想要突破这种困境，但最终还是会觉得无能为力。这种经历，我们自己应该体验到了很多，观察我们四周，也可以发现没有人的生活是一帆风顺的。即便如此，我还是觉得有一种可以快乐生活的方法。

爷爷奶奶如果真的为了孙儿着想，想让孙儿能够拥有充实的人生，度过幸福的时间，就不能溺爱孙儿、娇惯孙儿，而要让他能够展翅离巢，凭借自己的力量在广阔的天空中悠然翱翔。谁都希望自己能够不靠别人的指引，选择可以让自己满足的生活方式。

为此，爷爷奶奶要让孙儿知道“人生并不是一帆风顺的”。孩子们总有一天需要自己面对这个世界，发现这个世界上还有别人没有告诉过自己的不合理的一面，为此大为惊讶。如果孩子在此之前已经有了心理准备，就不会因此而一蹶不振，而能勇敢面对了。

如果我们只顾着追寻理想，锲而不舍，追求卓越，最终会把自己逼上绝境。很多长大后患上忧郁症的人，小时候都有这种追求完美的倾向。完美主义就像是一把双刃剑，有时候甚至会让最宝贵的我们自己受到伤害。虽然不轻易放弃的信念并非坏事，但过分固执会给我们造成极大伤害。

这个道理不需要爷爷奶奶用说教的方式告诉孙儿，我们可以通过向孩子回忆自己的人生，从自己每天日常生活的琐碎，到必须面对的“人生中的大事”，告诉孩子，你自己觉得哪些才是最重要的东西。

孙儿哟，
这就是人生
08

我们无法毫不费力地实现梦想

大人与其让孩子把自己的一生都赌在一个梦想上，不如让他明白人生和价值观是丰富多彩的。

爷爷奶奶没有不希望自己的孩子和孙儿都能够生活幸福的。所以当孩子和孙儿立下关于未来的理想之后，爷爷奶奶也会热切地希望他们的梦想能够成真。不过爷爷奶奶的期待太强了也不是好事。我认为还是应该注意保持“适当的距离”。

因为，孩子和孙儿的梦想终究还是要靠他们自己来实现，爸爸妈妈、爷爷奶奶其实帮不上什么忙。要说我们能做到的事，也只有负责照顾他们而已。可尽管如此，爸爸妈妈却因为强烈的期待，常常忘记这回事，反而在一旁干涉孩子做这做那，让孩子扫兴。

孩子和孙儿都有自己的想法和做法。爷爷奶奶不能把自己的期待强加给他们。

我认为，只要孩子不会走上邪路就足够了。

爸爸妈妈认为自己有教育孩子的责任，因此也会体现出强硬固执的态度。不过如果爸爸妈妈发现自己和孩子的关系变得紧张了，那最好还是要调整自己的心态，放松对孩子的掌控。

正如同世上没有完美的人一样，不费吹灰之力就能漂亮地实现的梦想也是不存在的。大人们与其让孩子为了实现一个梦想而孤注一掷，还不如让他了解到世界上有各种各样的人，有丰富多彩的价值观，这样更有利于帮助孩子适应不断全球化的社会。

对于我来说，被人要求从“相信和不信两个选项中选择一个”是最头疼的事情了。因为同一件事情当中既有值得相信的部分，也有不足信的部分。人生大概也是这样构成的。我们能够一下子断定“就是这样”的事情很少，而如果我们从“可能是这样，也可能是那样”的角度出发，从不同的方面进行思考，反而更能找到恰当的着眼点。

我们的人生正是因为具有如此多的可能性才充满了乐趣。我觉得憧憬自己成为“像他那样的人”，或者变得“像那个人一样”固然不错，但我最喜欢的还是像那个人一样地游戏或者努力。

孙儿哟，
这就是人生
09

努力也未必会有回报

我们要抱有这样的信念，才会发现人生的乐趣。我们生活的乐趣就在于每个人的经历都是与众不同的。

有些热心教育的爸爸妈妈，十分喜欢向孩子灌输“努力就有回报”的理念。他们还会自豪地向孩子讲述自己从学生时代到工作以后，在学习、运动、工作等各个方面取得的成就，告诉孩子这些成绩都是全凭自己的努力得来的。可实际上，我们付出的努力，有的能得到回报，有的也会一无所获。

所谓理想，就是虽然我们竭尽全力，却也不一定能够实现的东西。努力固然重要，但老实说，有很多事情即使我们付出了许多，也还是很可能得不到任何回报。不过，我们的人生也是因为这样，才充满了乐趣。

爸爸妈妈如果深信“努力就会有回报”，一旦最终的结果不符合自己的期望，就会认为是努力不足造成的。这种心情可以理解，但其实并不合理。因为如果是这样的话，世界上就只有两种人了——全力以赴的人和不求上进的人。

试想一下，如果我们只要不断努力就能实现任何愿望，那我们也就不会有那么多的烦恼了。这样一来，世界上就充满了可以随心所欲描绘梦想画卷的完美的人。

有些爸爸妈妈很关心孩子的健康，会保证孩子享有充足的睡眠，但在孩子清醒的时间里就要求他无论做什么事都要全力以赴，激励孩子不但在学习上要争第一，在运动方面也要力争上游。爸爸妈妈不妨设身处地地想一想这个时候孩子的心情会怎么样，一定非常失落、非常不耐烦吧？

随着阅历的丰富，我们都能体会到这种“虽然努力了但却一无所获”的失落感。所以，爷爷奶妈在和孩子、孙儿谈论理想的时候，还是尽量不要斥责他们或者过分地激励他们，也不要给他们设置过高的目标，要避免给他们太多的压力。

孩子、孙儿遇到挫折，放弃了理想的时候，我们也不要过度地责备他们，以免让孩子心灰意冷。毕竟，我们除了陪在他们身边，也没有为他们做些什么，所以我们也没有理由对他们这么苛责。

我们有可能会实现自己的理想，但也可能无法达成所愿。如果我们真的心想事成了当然最好，但就算失败了也用不着沮丧。条条大路通罗马，我们总会找到前进的方向的。

孙儿哟，
这就是人生
10

没有十全十美的人

就算是在我们眼中十分完美的人，其实也是和我们同样的普通人。谁都会遭遇失败，会后悔，会有烦恼。

爸爸妈妈各有各的缺点，这种事情孩子早就看透了。可爸爸妈妈明明已经暴露了自己的缺点，却还要在孩子面前摆出完美的样子，从不听取孩子的意见。

自从社会竞争变得日益激烈之后，家庭就变成了社会的预备学校。家长们一味地要求孩子好好学习，不重视让他做家务，也不注意让他学会举止礼貌。家庭成了应试教育的预备学校，不再是孩子的安乐窝了。

这样也就成了，在孩子眼中并不完美的父母，装作完美的样子，要求孩子在社会上各种各样的竞争中都出类拔萃——这就是现代家庭的样子。

这也是现代社会中各类家庭问题的根源。

爸爸妈妈既没有完善的教育孩子茁壮成长的理念（品德以及心理教育），也没有切实地给孩子做出榜样（在以前，爸爸妈妈就是孩子的榜样），只是一味地督促孩子学习。就连本来是孩子的安乐窝的家庭在内，围绕在孩子周围的全都是关于如何打败别人，争取更高地位的事情。这样下去，孩子能健康成长吗？

我认为想要扭转这种把家庭当作社会的预备学校的风气，首先就要让家庭回复本来的样子。

这需要爸爸妈妈首先意识到，自己也是一个不完美的人，同时也要认识到自己也没有从社会竞争的理论中脱颖而出。

爷爷奶奶也有需要反省的地方。现在的爸爸妈妈之所以会在分数至上的教育理念影响下，要求孩子“继续努力”“不要输给别人”，很大程度上也是爷爷奶奶的责任。

我们不能全盘否定学习，但也要让孩子明白，除了学习之外，还有很多有意义的事情。这不只是要对孩子说说而已，大人们还要以身作则，让孩子真切地体会到爷爷奶奶、爸爸妈妈的人生是多么精彩。

孩子进入社会之后的确需要面对激烈的竞争。但是不是只有在竞争中脱颖而出的佼佼者才是幸福的？这在大人之中也是见仁见智。不过，不管怎样我们都可以确定，并非只有完美的人才有资格得到幸福。每个人的幸福都掌握在自己的手中。

孙儿哟，这就是人生 11

家人们会逐一逝去

先是爷爷奶奶亡故，爸爸妈妈随后也会去世，最后孙儿也会死去。“亲人们按照顺序死亡”也是保证家庭和谐的要素。

我的母亲辉子死于癌症，那是1984年（昭和五十七年）的事情。在她住院的半年时间里，我们每次去看望她都会发现她在一点点地衰弱。

我们知道母亲的寿命已经不长了，每次去看望她的时候都会带着她的孙儿过去，而我们的孩子也会要求他们自己的孩子一同去看望。

对于我们的孙儿来说，辉子就是他们的曾祖母。我们大家住在不同的地方，想要在约定的时间里集合起来一起看望很不容易，即便如此，大家还是尽可能地抽出更多的时间一起去探视。

我不知道还不到10岁的孙儿们看着辉子的生命之光渐渐暗淡时心里有什么样的感受，但他们的想法应该各不一样。这样也好，我以为，只要他们能记住曾祖母最后的样子就足够了。

孩子们总有一天会需要认真思考“家庭”“生存方式”这类事情，需要思考“人这一辈子”“我的一生”到底怎样度过才好。那时候，辉子去世时留在他们心中的印象，会成为他们思考未来、思考人生的提示。

万幸的是，辉子去世时孙儿们都聚集在病榻前，注视着她呼出最后一口气，安详地离开了人世。辉子作为曾祖母，在弥留之际给孩子们留下了最宝贵的礼物。这是对孩子们的未来十分重要的礼物。

这礼物就是，孩子们会知道家人们都会一个个死去。大家按照年龄顺序依次死去，是我们的人生本来的样子。

孩子们会了解到爷爷奶奶去世后，接下来就要轮到父母，爷爷奶奶和父母在自己之前去世是理所当然的。这种体验能够极大地促进孩子们精神上的独立。他们会因此明白，自己不能总是依赖父母。

如果我们能够按照自然规律依次去世,那么死就不是“不幸”或者“不祥”的事情。

辉子的死就是顺应自然规律的。母亲在这世间辛劳一场，充实地生活一场之后安详地离开，亲友们都很欣慰她是安然死去的。让孩子们能够看见这样温馨送别的场景，也是大人们的责任。

如果我们能帮助孩子正视死亡，也就会让他们明白生命的宝贵，珍惜自己的生活。

孙儿哟，这就是人生 12

你来到我们家真好

大人们不需要夸张的语言，也不需要做作的神态，在谈话中无意流露出的感情，更能让孩子感受到家庭的温暖。

如果我们分析家庭暴力、自闭等儿童问题的案例，就会发现亲子之间的交流不足是造成这些问题的重要原因。

有人认为日本人并不善于表达感情。欧美人经常会对家人说“I love you”，可是日本的爸爸妈妈，大概以为只要在心里爱着孩子，孩子自然就会理解，所以总是不会说出这种话。但是，爸爸妈妈如果从来不对孩子说“我爱你”，反而每天都把“快去学习”“快去收拾东西”这些命令挂在嘴边，那样会让孩子觉得爸爸妈妈并不是无条件地接受自己，而且也难以产生被家人关爱的感觉。

不过，我们虽然意识到和孩子交流得不够。但爸爸妈妈也不能孩子一坐在眼前，就马上问他：“你最近怎么样啊？”试想一下，如果在公司里觉得难以应付的上司突然问自己“最近怎么样”，我们一定会马上回答“没问题”，然后想赶快逃走吧。我们想听孩子说出自己的心里话，要注意避免会让孩子产生抵触心理的氛围。而其中的关键就是要让孩子相信自己是可以倾诉的人。

有的孩子不愿意和爸爸妈妈说话，但却很容易和爷爷奶奶沟通。我想这一定是因为爷爷奶奶从来不会问孩子一大堆问题，而总是会笑嘻嘻地听孩子倾诉。大人们如果在向别人倾诉烦恼时，听到对方说“你当时应该这样做的”“你的想法真是不可理喻”，那肯定没有心情再说下去了。有时候我们找人倾诉，只不过是希望对方能够听我们说话而已，不需要什么意见。

为了增加交流，为了了解更多有关对方的事情，我们总会问个不停。有很多妈妈在和孩子谈话时都是一个人在喋喋不休。其实，最重要的是让孩子能够畅所欲言。如果妈妈太忙了，爷爷奶奶可以帮忙做家务、照顾孩子，这样也能让孩子感受到家庭的温暖。

从孩子小时候开始就向他传达“你来到我们家真好”这种心情，会为孩子未来心灵的安定打下牢固的基础。

PART 4

所谓育儿就是……想告诉养育孩子的父母的事情

所谓育儿就是……想告诉孩子的父母的事情 01

足够好的妈妈（做一个普通的妈妈就够了）

妈妈的陪伴就是对孩子最好的教育。我想告诉正在为育儿努力的妈妈们，只要做得恰如其分就行了。

英国的儿科医生与精神分析专家温尼科特曾经说过："任何女性只要做了母亲，就会自然而然地产生对孩子的母爱。"

他把这样的母亲称为"足够好的妈妈"。也就是说，妈妈们没有必要追求十全十美，只要做一般的妈妈就足够了。

当孩子被赋予生命的同时，他也自然地获得了自我成长的能力。虽然和其他动物的幼崽比起来，人类的婴儿显得更加弱小，不但需要喂奶，还要有人换尿布，营养卫生等方方面面都要得到周到的照顾。但是孩子就算不接受任何特殊的教育和训练，也能够从懵懂到成熟；从牙牙学语、蹒跚学步，到掌握各种姿势，学会各种动作；语言方面也是如此，只要平常有人和他说话，他就能顺利地掌握母语。也就是说这种成长、学习的能力是孩子与生俱来的。

女性在生了孩子之后，也会自然成为可以照顾孩子健康成长的妈妈。人类也正因为有这样的天赋才能繁衍生息。

对于这一学说，我深表赞同。妈妈一心成为完美的母亲，反而会变得神经质，为了琐碎的事情也会纠结焦躁。妈妈实在没有必要刻意追求完美，在孩子出生之后，妈妈自然就会萌发对孩子的爱。凭借这种自发自然的感情，妈妈就可以读懂孩子哭泣时发出的信息，满足孩子的需求，建立健全的母子关系。

现在生儿育女的这一代人中，大多在身边没有可以探讨育儿经的人。为此爸爸妈妈们都会依赖电视、书籍以及网络寻找资料。当然，这么做并不是不好。然而我们要注意只要把得到的资料作为参考就够了，千万不能因为这些信息而疲于奔命。

如果妈妈们变得神经质了，这种情绪也会传染给孩子，也会让孩子变得不安。所以我建议妈妈们不要变得这么紧张，自然地养育孩子，以舒畅的心情对待孩子。

我们没有必要以完美的母亲为目标。

而且，就算不是妈妈亲自来照顾孩子也没关系。只要代替妈妈照顾孩子的人有这样一般的母性，就能够养育好孩子。

所谓育儿
就是……
想告诉孩子的
父母的事情 02

关爱孩子，
也要给他宽松的空间

爸爸妈妈不要总是替孩子拿主意，要默默地陪孩子一同成长。爸爸妈妈掌握既不过远，又不过近的“适当的距离”十分重要。

法国思想家卢梭曾说过“孩子有孩子的世界，孩子不是不完整的大人，而比这更加丰富”。

我们经常以为孩子是“不完整的大人”。确实，孩子相对于我们显得很不成熟。但是我们换一个角度来看，就会发现孩子独有的“优点”。

从学会语言，到掌握各种功课、艺术、技术，大人都不如孩子。孩子就像一块干海绵一样，能猛烈地吸收各种技术、知识和技巧。而大人因为思维已经僵化，记忆力也开始衰退，所以很难做到这些。

爸爸妈妈发现孩子们这种特点之后很容易产生一种错觉，认为如果一个劲儿地教给孩子各种新知识，一定会把孩子培养成为天才。然而，孩子是绝对不会做自己讨厌的事情的。就算爸爸妈妈逼迫孩子，最终结果通常也是徒劳的。孩子们只有对于自己感兴趣或者关注的、热衷的事情，才会发挥出各种各样的能力。

我想向母亲们提出下面的请求：

请在关爱孩子的同时，给他们宽松的成长空间。

爸爸妈妈只要做到悉心地照顾孩子就够了，没有必要那么焦虑。在孩子成长过程中最重要的是亲子之间的感情以及亲子之间的信任关系。如果爸爸妈妈能够保证这些，就会发现孩子自己的兴趣。爸爸妈妈只要照顾孩子，在孩子遇到困难的时候再伸出援手就够了。

确实，演奏钢琴、小提琴等乐器的才能如果不从小培养可能长大后很难充分发挥潜力。然而，除去这些特殊的技艺，很多情况下，当孩子自己对一件事情产生兴趣，再开始培养孩子也为时不晚。如果孩子自己没有兴趣，不论父母怎么灌输强迫，孩子的才能都不会得到开发。我们在现实生活中，也没有听说过有哪位飞行员或者发明家是从小就接受英才教育的。

能够确切地发现孩子的潜力和才能的，就是和孩子长时间相处的妈妈。所以，我希望妈妈们能够认真地看护孩子，经常陪伴孩子。而且，重要的是，比起因为孩子做不好一件事情而训斥他，更好的是为孩子做得好的事情而表扬他。

所谓育儿就是……想告诉孩子的父母的事情 03

信任自己的孩子

如果我们因为孩子不懂事就约束他，这是很没有道理的。因为我们每一个人都经历过不懂事的阶段。

如果观察现在的年轻妈妈，就会发现她们总是热切地希望把自己的孩子教育成好孩子。希望自己的孩子学习好，又懂事听话。所以妈妈们为了不让孩子走上歪路，就命令孩子“不能这么做，不能那么做”“你必须得做这个”，提前为孩子决定好了要走的路。妈妈们只要发现孩子哪怕偏离了预定的道路一点点，也要马上告诉孩子“不行不行，快回到这条路上来”，阻止孩子走到其他路上。

我认为，这都是因为爸爸妈妈无法信任自己的孩子。正因为如此，才会在各方面给予孩子诸多限制。

我们要相信自己的孩子。

这是我从多年的经验中总结而来的哲学。就算孩子偏离了我们为他规划的道路，他也会自己找到一条合适的路，重新回到我们面前。孩子其实也在认真地思考自己的未来。

那么，爸爸妈妈在发现孩子就要脱离正轨，为了孩子的未来心怀不安时，该怎么办呢？我觉得爸爸妈妈可以想想自己年轻时候的样子。

我们自己也曾有过年少无知的时候。如果因为孩子不懂事就约束他管教他，其实是没有道理的。我们可以把现在为了孩子操心，当做对以前自己害爸爸妈妈担心的弥补。

爸爸妈妈提起自己的孩子，肯定既担心又生气。不过我们想到自己的童年，心情应该也会平静下来。

别看我的大儿子现在给人一种好父亲的印象，其实他在青春期的时候，特别不懂事。我本来想让他学习小提琴，但每到上课那天，他就一定会从家里逃出去。就在我以为他讨厌音乐的时候，没想到他竟然组建了一个摇滚乐队，每天演奏到深夜才停下来。真是没有比这个更会吵到邻居的了。但我们怎么提醒他，他都置之不理，反正感到丢脸的只有我们做父母的而已。

长子的这种狂热，到了某个阶段就一下子冷却下来了。在这之后，他不但去美国留学顺利完成了学业，而且还宣布要继承父业在医院工作。他现在不但经营着医院，在家庭里也认真承担着父亲的责任。脱离正轨的那段经历，其实也帮他扩大了交际圈。他年轻时候在不同方面的行动，在长大后发挥了很大的作用。

现在想来，长子之所以有现在这样好的成就，可能就是因为那个时候我们没有干涉他的自由，而是听凭他做自己喜欢的事情。不得不说“相信孩子带来了如今的安乐”，这也是我身为一家之主所得出的结论。

所谓育儿就是……想告诉孩子的父母的事情 04

为孩子的“一成不变”而高兴

多元化的社会需求的是“我就是我”的鲜明个性，以及能够坚持自己个性的自立自强的信心。

长子在青春期做的事情前面已经说过，这里我就不再啰嗦了。而和长子比起来，我的次子就没怎么让我们操心。我想这可能是因为他也是深受哥哥的毒害，或者说把哥哥当做反面教材了。

次子的性格是凡事都会事先考虑父母的想法。他也是兄弟当中最认真的，而且没经过我们的劝说就自己决定从事医生这一职业。

我的长女中学时最喜欢画画，但因此被学校的老师说了很过分的话，从此便拒绝上学了。我们做父母的也很担心，很难过。考虑到女儿原本就想把画画当做自己的职业，因此我们就把她转到学风更加自由的学校里读书。虽然我们只是为她创造了环境而已，但也取得了成效，她现在足以作为一个漫画家谋生了。

三男是我最小的孩子，他虽然总是悠闲散漫的样子，却很懂得察言观色。这也是他从幼年时就掌握的处世之道。最小的孩子经常是在强势的哥哥姐姐的压抑之下长大的。他们为了能在哥哥姐姐的压力下成长，争取爸爸妈妈支持而发掘出来的能力，在长大成人后仍然能够发挥很大的作用。

小儿子作为工薪阶层，虽然每天都要早出晚归，却是最常来看望我们的，他也总是提醒我们注意身体，不要感冒。另外，他还特意把结婚典礼定在我们夫妇的结婚纪念日那天，为孩子取名字时也选取了我名字中的一个字。我们当然为了他的这些举动感到高兴。最小的儿子往往会做出这样体贴的事情。

我的孩子们虽然是相同的父母所生，然而性格却各不相同。我现在很喜欢他们这种性格的差异。不同的孩子能够发挥自己的特长，为社会作出各自的贡献。我已经很满足了。

有的孩子总是要爸爸妈妈操心，有的孩子却十分乖巧。虽然父母总是会不自禁地为孩子的未来担忧，但其实每个孩子都会找到能够发挥自己才能的道路。

正因为我们没有按照自己的意愿强制孩子，才能有现在这样好的结果。

不强迫孩子，从容地面对孩子的顽固，这也是爸爸妈妈必需修练的素质。爸爸妈妈如果用严苛的心情对待孩子，这种情绪也会传染给孩子，这对于孩子的成长来说并不是一件好事。

所谓育儿就是……想告诉孩子的父母的事情 05

不要拿自己的孩子和别人的孩子比较

“和那孩子比起来，你可真是……”像这样话是爸爸妈妈绝对不能对孩子说的。结果是次要的，最重要的是孩子付出了怎样的努力。

俗话说“邻居家的草更青”，对于妈妈而言就是“邻居家的孩子更好”。

很多妈妈都会感到焦躁：邻居家的孩子和自己的孩子同一年级，不但学业优秀、性格温和，看到别人也会有礼貌地打招呼，是个人人称赞的好孩子，怎么我家的孩子却……

还有些爸爸妈妈特别喜欢别人家的孩子，这也是因为他们总是在无意中拿邻居家的孩子和自己家的比较。尤其是妈妈的这种倾向更明显。

爸爸妈妈绝对不能做的一件事情，就是拿自己的孩子和别的孩子比较，特别是不能和与孩子要好的同学比较。

我们站在被比较者的角度想一想，就会感同身受了。比如，如果丈夫对自己说：“你看邻居家的那位夫人，又年轻又可爱。不但总是打扮得漂漂亮亮的，对衣服的品味也很好。真羡慕她的丈夫啊！”

你听了之后一定会怒不可遏吧？如果这时又听到孩子说：“妈妈，××带的饭总是高级菜，他们家的晚饭也跟餐厅的一样好吃，我也好希望咱们家的饭菜能好吃一点啊。”

你肯定会想：“是，是，都是我的错，我做的菜不好吃。反正我做的饭菜就是这么拿不出手，干脆我今天不做饭了。”

孩子被爸爸妈妈拿来和同年级的学生比较时，心情也是这样的。孩子就算被比较、被批评，也不会理解爸爸妈妈的苦心，相反会产生逆反心理。大人被别人比较的时候，通常会条理分明地反驳对方。而孩子还不懂得怎么回应，所以只会在心里埋下对爸爸妈妈反感的种子而已。

有的妈妈把自己的孩子和别的孩子比较是为了激励孩子，让孩子更加努力，不过这种做法是错误的。孩子被爸爸妈妈拿来和别人比较时会感到难以想象的痛苦，这会阻碍孩子的成长。

另外，在孩子兄弟姐妹之间的比较也是应该避免的。爸爸妈妈有时会对孩子说“你哥哥学习那么用功，你为什么……”，这种话或许出于无心，但却会让孩子很伤心。

爸爸妈妈们要记住，最重要的是让孩子的长处能够取得发展，和别人的比较可能会磨平孩子的棱角。

所谓育儿就是……想告诉孩子的父母的事情 06

溺爱会妨碍自立

动物照顾孩子的方式，和人类的方式大相径庭。动物的妈妈就算为了保护孩子，也不会溺爱孩子。

人类常常分不清楚保护孩子和溺爱孩子的区别。比如孩子摔倒的时候，妈妈往往会慌慌张张地跑过去，把孩子抱起来。也许妈妈的本意是想保护孩子，但其实这种举动只是在溺爱孩子而已。

孩子既然能自己走路，那么也一定可以自己站起来。所以摔倒后趴在地上的孩子，不需要爸爸妈妈的帮助，也能够自己稳稳地站起来。

孩子摔倒时，爸爸妈妈首先要确认孩子有没有受伤，如果确定孩子没有受伤,就只要对他说“好了,你自己站起来吧”就好了。摔倒了自己爬起来，这是孩子迈向自立的第一步。

见微知著，那些会抱起摔倒孩子的妈妈，一定也会在其他事情上忍不住向孩子伸手帮忙。孩子洗手时，会帮他递来手绢；孩子说口渴了，就连忙倒水给他喝。有的孩子上幼儿园的时候都不会自己穿衣服，上小学时还不会有礼貌地向人问好，这多半是爸爸妈妈从小对他过度保护造成的。

我们会觉得过去的父母都很出色，实际上可能也是因为他们都有很多孩子。如果爸爸妈妈要养育四五个孩子，那么就算孩子们提出了任性的要求，也不可能一一地满足。

他们会告诉孩子“这些事情，你要自己去做”。

孩子们听了爸爸妈妈这样说，当然也就自己的事情自己做了。

此外，随着少子化的推进，有很多家务劳动也由家用电器代劳了，妈妈照顾孩子的时间大大增加了。

这就是爸爸妈妈特别是妈妈，对孩子过度保护的最重要的理由。妈妈们在孩子的成长过程中出现问题时也会反省：都怪我对他太溺爱了。可妈妈们虽然这么说，虽然知道自己是在溺爱孩子，却还是控制不了自己。

如果真的是为了孩子好，那就要忽略潜藏在自己内心中的恶魔劝告自己为孩子做些什么的声音。听从这个声音，带给孩子的只有不行而已，甚至还有可能给家庭带来危害。

所谓育儿就是……想告诉孩子的父母的事情 07

Give and take（亲子关系就是给予与获得）

爸爸妈妈只有在和孩子谈话的时候能够考虑到孩子的心情，才能够赢得孩子的尊重。

孩子的成长，并不是爸爸妈妈单方面就能左右的。可以说亲子关系就是给予与获得，是爸爸妈妈和孩子两方面共同的作用。所以说，如果爸爸妈妈对孩子提出严格要求，要求孩子必须尽善尽美，那么孩子也会反过来希望爸爸妈妈也能成为完美的人。

首先，爸爸妈妈必须放弃完美主义。只要爸爸妈妈调整了自己的心态，亲子关系就能得到改善。

如果要给我自己作为父亲的成绩打分，我可能只会得50~60分。每个人的价值，只有在他临终时才能说得清。而爸爸妈妈一定要牢记，除了神明之外，再没有人能每一件事都能得到100分，一定要摒弃根深蒂固的完美主义。

如果我们对别人的要求过于严苛，很容易觉得对方没有用。于是我们会更希望对方听从自己的安排，而不愿费神培养对方。

爸爸妈妈当然会比孩子做得更好。可即便如此，爸爸妈妈做的事情也并不总是正确的。有的时候，爸爸妈妈比起相信自己，考虑孩子的想法反而能够取得更好的结果。

我们如果顽固地相信“我的想法绝不会错”，就不会虚心听取不同的意见。

就算爸爸妈妈比孩子多活了20年、30年，有更完善的价值观，也要意识到，这种价值观也有变化的可能。

这种变化背后的推动力就是新时代的发展趋势，而这大多是孩子这一代促进的。我们不固执于己见，灵活变通地接受更好的想法，这样的人生会更加愉快。

另外，爸爸妈妈们也要注意，孩子的性格并不是自己性格的复制品。并不是说爸爸妈妈能做到的事情，孩子也一定做得到，而是有例外的。还有相反的事情，有的事情爸爸妈妈做不到，孩子却能取得成功。

爸爸妈妈不能一味地干涉孩子，强迫他接受你的意见。我们听取孩子的意见时也会有新的收获，如果能够构筑亲子之间这种“give and take”的关系，爸爸妈妈就可以和孩子共同成长呢！

所谓育儿就是……想告诉孩子的父母的事情 08

我们是在为社会照顾孩子

白头翁的爸爸妈妈在小白头翁长大了展翅欲飞的时候，绝不会帮助小白头翁，而是在一旁默默守护着它。这才是爱的形式。

孩子长大之后，就会离开我们的家。现在为人父母的这一代人，有很多即使可以和爸爸妈妈住在一起，也会借着升学、就业、结婚的机会离开父母，自立门户。

爸爸妈妈在孩子自立的同时，也应该考虑把心思从孩子身上收回来，接受爸爸妈妈和孩子各过各的生活这样的事实。

爸爸妈妈把孩子带到这个世界，悉心照料孩子，到了最后还是要重新回到只有夫妻两个人的世界，开始新的生活。

当然了，现在还是有很多人会把儿媳或者女婿接回家来生活在一起。然而现在已经不是过去那种“大家必须在一起生活”的时代了。父母和孩子究竟要不要生活在一起，关键要看双方能不能谈得来。

现在因为结婚晚、就业难等问题，也有很多孩子很大了却还是离不开爸爸妈妈。虽然我们能够理解爸爸妈妈想要一直照料孩子的心情，但我们要明白，我们其实是在替社会照顾孩子。

爸爸妈妈不妨把自己看做志愿者，是在替社会照顾孩子，把孩子培养成有用的人才之后再返还社会。这样我们就既不会对孩子过于亲密，也不会因为孩子不为自己养老而忧心了。

既然爸爸妈妈是在为社会照顾孩子，那么爸爸妈妈只要教会孩子为人处世的道理，就是完成任务了。

爸爸妈妈和爷爷奶奶为了孩子（孙儿）的未来，就算没有做出各种考虑，孩子在返回社会之后，也会有自己的想法。

孩子的未来是他自己的，而不是爷爷奶奶或者爸爸妈妈的。当孩子有了独立的思想之后，我们能够做的，只有祈愿他不要走上歪路而已。我们最应该考虑的，是在把孩子还给社会之后，如何规划夫妻重返二人世界后的生活。

我们为人父母之后，难免会害怕和孩子太过亲密，或者因为孩子不听话而烦恼，这时候不妨想一想“自己是在代替社会照顾孩子的”，心情就会平复许多了。

图书在版编目（CIP）数据

爷爷奶奶的隔代养育大智慧 / ;（日）斎藤茂太著；马超越译. -- 上海 :上海文化出版社, 2018.4

ISBN 978-7-5535-1019-4

Ⅰ. ①爷… Ⅱ. ①斎… ②马… Ⅲ. ①家庭教育 Ⅳ. ①G78

中国版本图书馆CIP数据核字(2017)第314064号

发 行 人：冯　杰
出 版 人：姜逸青
责任编辑：张　琦
策划编辑：傅一新　佟　一　兰　芳
装帧设计：钮　灵
美术编辑：雷俊文

书　名：爷爷奶奶的隔代养育大智慧
作　者：【日】斎藤茂太著　马超越译
出　版：上海世纪出版集团　上海文化出版社
地　址：上海市绍兴路7号　200020
发　行：上海文艺出版社发行中心　上海市绍兴路50号　200020
印　刷：佛山市顺德区帝图印刷有限公司
开　本：880 × 1230　1/32
印　张：4.625印张
印　次：2018年4月第1版第1次印刷
书　号：ISBN 978-7-5535-1019-4/G.133
定　价：42.00元
告读者：如发现本书有质量问题请与印刷厂质量科联系
电　话：027-87391723

MAGO GA SHIAWASE NI NARUTAME NI TSUTAETEOKITAI TAISETSUNA KOTO